Für
Leo, Carla und Hannah

Vorspiel im Himmel

Und gibt es auch in der christlichen Bibel
wie in der Bibel Israels
kühne Geschichten, die von dir erzählen,
dass du nahe bist,
auch wenn du den Menschen fern scheinst?,
fragte der Engel Scheálja den Herrn der Welt.
O ja, antwortete Er, und es beginnt gleich
mit dem Kind in der Krippe.
Da war es Scheálja zufrieden und wartete,
dass Lukas mit dem Erzählen begänne.

Große Geschenke

In dem Büchlein, in dem ich euch das 1. Buch Mose erzählt habe, habe ich von der jüdischen und der christlichen Bibel gesprochen. Beide habe ich nur nebenher erklärt. Das soll diesmal anders sein.

Der erste Teil unserer Bibel, das Alte Testament, ist in Hebräisch geschrieben, das wisst ihr ja bereits. Viele Juden lebten in der Alten Welt in Ländern, in denen die Sprache nicht Hebräisch, sondern Griechisch war. Deshalb haben sie ihre Bibel in diese Sprache übersetzt. Auf Griechisch haben auch wir Menschen aus der Völkerwelt vor langer Zeit, zu Beginn unserer Geschichte, die Bibel Israels kennengelernt. In dieser Anfangszeit, vor zweitausend Jahren, war auch für die neuen Gemeinden, die sich im Namen Jesu bildeten, die jüdische Bibel ihre Heilige Schrift. Auch die ersten Schriften von Menschen, die das Evangelium von Jesus Christus verkündigten, haben sich deshalb allein auf die jüdische Bibel bezogen.

Zu diesen ersten Schriften gehören vor allem die Briefe des Apostels Paulus und die vier Evangelien, die von Jesus von Nazaret erzählen. Sie sind nach Matthäus, Markus, Lukas und Johannes benannt. Wie die Paulusbriefe und die anderen Schriften aus der Anfangszeit sind sie alle auf Griechisch verfasst worden. Im Laufe der

Zeit haben diese Schriften in den Kirchen ein Ansehen wie die Bibel Israels gewonnen. Ja, sie sind unter dem Namen »Neues Testament« als zweiter Teil der Heiligen Schrift mit der jüdischen Bibel vereint worden.

Die Bibel Israels, die jüdische Bibel, ist die Heilige Schrift der Juden geblieben, während die jüdische Bibel, ergänzt um die heiligen Schriften der Christen, zur christlichen Bibel geworden ist. Ihr könnt euch schon denken, dass es hier eine Menge Gesprächs- und Konfliktstoff gegeben hat. Wie ist die Bibel Israels zu verstehen und auszulegen? Von dem zweiten Teil, den neuen Schriften, her oder von dem her, was die Juden in ihren alten Schriften lehrten? Darauf kommen wir wieder zurück. An dieser Stelle ist das Wichtigste: Die jüdische Bibel ist zum kostbaren Geschenk Israels an die Kirchen geworden und die christliche Bibel in ihrer Einheit mit der jüdischen zum wunderbaren Geschenk der Kirchen an die Völker der Welt.

Eine Welt voller Bibeln

Von zwei Bibeln habe ich euch erzählt, von der jüdischen und von der christlichen, und von den Sprachen, in denen sie ursprünglich verfasst worden sind. Wie die jüdische Bibel bald vom Hebräischen ins Griechische übersetzt worden ist, so ist auch die christliche Bibel im Laufe der Zeit immer von Neuem in andere Sprachen übertragen worden. Bis heute sind es weit über fünfhundert, und einzelne Bücher sind in fast dreitausendfünfhundert Sprachen übersetzt worden. So kann ein großer Teil der Menschen auf der Welt die ganze Bibel oder einzelne ihrer Schriften in ihrer eigenen Sprache lesen. Das ist vielleicht das Schönste, was die Kirchen in ihrer Geschichte bewirkt haben. Manchmal gibt es sogar mehrere Übersetzungen in ein und dieselbe Sprache. Meistens stammen sie aus verschiedenen Zeiten.

In unserer deutschen Sprache ragt aus allen Übertragungen die Übersetzung von Martin Luther heraus. Er hat vor fünfhundert Jahren in Wittenberg gelebt, hundert Kilometer südlich von Berlin. Niemand hat die Bibel bis heute so schön, so kraft- und klangvoll ins Deutsche übertragen wie Martin Luther. Ihr bekommt davon am besten einen Eindruck, wenn ich euch den Anfang der Bibel aufschreibe, so wie Luther ihn übersetzt hat. Dort heißt es: »Am Anfang schuf Gott Himmel und Erde. Und die Erde war wüst und leer, und es war finster auf der Tiefe; und der Geist Gottes schwebte auf dem Wasser. Und Gott sprach: Es werde Licht! Und es ward Licht. Und Gott sah, dass das Licht gut war. Da schied Gott das Licht von der Finsternis und nannte das Licht Tag und die Finsternis Nacht. Da ward aus Abend und Morgen der erste Tag ...«

Mehr brauche ich euch nicht aufzuschreiben. Denn wenn ihr wollt, könnt ihr jetzt oder später einfach eine Lutherbibel nehmen, sie ganz vorne aufschlagen und weiterlesen. Wenn ihr laut lest, werdet ihr vielleicht merken, wie ihr von Luthers Worten wie von selbst davongetragen werdet und wie wunderschön dies beides zusammenpasst, die Sprache Luthers und das, was er uns aus der Bibel mit seiner Sprache auf den Weg geben will: dass die Welt, in der wir leben, von ihrem Anfang her eine wunderschöne, gute Gabe für uns ist, auch wenn es in ihr nicht nur Licht, sondern auch Dunkel gibt. Wenn es einmal um euch dunkel wird, dann gibt es den Psalm 23, der die wunderbaren, vertrauensvollen Worte enthält: »Und ob ich schon wanderte im finsteren Tal, fürchte ich kein Unglück; denn du bist bei mir ...«

Lukas aus Bibelland

(1,1–4)

Bisher kennt ihr gewiss vor allem Lukas den Lokomotivführer. Doch Lukas der Evangelist, ja, noch besser vielleicht, Lukas der Geschichtsschreiber, ist gar nicht so weit entfernt von ihm. Auch er fährt mit uns auf eine Entdeckungsreise, aber nicht nach Lummerland, sondern ins Heilige Land. Das macht er im Neuen Testament nicht allein, sondern zusammen mit den drei anderen Evangelien. In den ersten Jahrhunderten der Kirchen gab es noch sehr viel mehr Schriften dieser Art. Aber die christlichen Gemeinden haben ein feines Gespür für Qualität gehabt. Sie haben nur solche Evangelien in ihren Gottesdiensten verlesen, die sie für zuverlässig hielten und nicht für ein Produkt der Phantasie oder der reinen Erzählfreude.

Alle vier Evangelien haben in der alten Kirche denselben Qualitätsstempel erhalten. Dennoch haben alle vier eine eigene Gestalt. Sie ist abhängig von dem Gebiet, in dem die einzelnen Evangelien entstanden, von der Art des Erzählstoffes, den ihre Verfasser, die Evangelisten, vorfanden, und auch von ihrer persönlichen Art bei der Nacherzählung der Geschichte Jesu von Nazaret.

Der Evangelist Matthäus beginnt sein Evangelium damit, dass er durch einen Stammbaum, der bis zu Abraham zurückreicht, die Herkunft Jesu beschreibt und anschließend von seiner Geburt erzählt. Das Johannesevangelium geht noch weiter zurück, indem es vom Dasein Jesu vor seiner Geburt in der Nähe Gottes zu berichten weiß. Der Evangelist Markus setzt sofort mit dem erwachsenen Jesus ein, indem er von dessen Taufe durch Johannes den Täufer erzählt.

Einen wieder anderen Weg ist der Evangelist Lukas gegangen. Er hat außer dem Evangelium, das nach ihm benannt ist, auch die Apostelgeschichte verfasst. Sie berichtet über die ersten Jahrzehnte der Gemeinden Jesu in Israel und außerhalb des Landes. Lukas schreibt damit die erste Geschichte des Christentums, beginnend mit dem Mann aus Nazaret. Um dies ganz klarzumachen, setzt er so ein, wie man in der Alten Welt seit Jahrhunderten Bücher über die Geschichte eines Volkes einleitete und wie man es noch bis heute beobachten kann: Nachdem es schon viele versucht haben, bin ich noch einmal von Neuem allem von Anfang an nachgegangen, um sichere Kunde über das zu übermitteln, was ich im Folgenden erzähle.

Lukas widmet sein Evangelium wie auch die Apostelgeschichte einem gewissen Theophilus. Man vermutet in ihm einen einflussreichen Zeitgenossen. Mit einer solchen Widmung verband man die Erwartung, dass der so Geehrte für die Verbreitung des Buches Sorge tragen würde. Und darin ist Theophilus offenbar fleißig gewesen.

Gott wohnt unter seinem Volk

Kaum hat sich der Evangelist Lukas als kundiger Geschichtsschreiber vorgestellt, ist er auch schon im Zentrum der jüdischen Welt, in Jerusalem im Land Israel, und dort in dem stattlichen Tempel, der die ganze Stadt überragt. Fast tausend Jahre zuvor hatte Salomo, der Sohn König Davids, den Ersten Tempel gebaut. Er war vierhundert Jahre später von dem babylonischen Herrscher Nebukadnezar zerstört worden. Später hatte man ihn bescheidener wieder aufgebaut. König Herodes der Große, der in den Jahrzehnten bis zur Zeit Jesu in Israel herrschte, machte der unscheinbaren Hütte für den Gott Israels ein Ende. Er war ein großer Bauherr, der das Tempelgelände durch umfangreiche Baumaßnahmen erweiterte und vor allem ein prächtiges, mit Gold und Marmor verziertes neues Tempelgebäude schuf. Die Bauzeit betrug fünfzig Jahre, weit länger, als Herodes lebte.

Mitten im Innern gab es einen Raum, der verschlossen war und den nur der oberste Priester, der Hohepriester, einmal im Jahr, am Sühntag für das Volk Israel, betreten durfte. Dieser Raum galt als Ort, an dem Gott, unsichtbar auf einem Thron sitzend, in seinem Volk gegenwärtig war. Der Tempel und vor allem der verborgene Raum wurden im Laufe der Zeit von siegreichen Fremdherrschern geplündert. Als die römischen Soldaten im Jahr 70 nach der Einnahme von Stadt und Tempel den Raum betraten, war er leer. Der Tempel war auch der Ort für Räucheropfer, die dem Gott Israels durch Priester dargebracht wurden und die den Tempel mit wohlriechenden Gerüchen erfüllten.

Der Tempel blickte nach Osten. Von seiner Vorderfront aus erstreckte sich ein erster abgegrenzter Bezirk. In ihm vollzogen die Priester die Schlachtopfer, die in der Bibel für jeden Tag und für die Feiertage geboten waren. Außer den Priestern durften diesen Bereich nur Männer betreten. An ihn schloss sich der Vorhof der Frauen an und um ihn herum der Vorhof der Heiden, der den Besuchern aus der Völkerwelt offenstand. Steinerne Inschriften verboten ihnen unter Androhung von Todesstrafe, über diesen Bereich hinaus vorzudringen.

Nach dem Tod des Herodes herrschte sein Sohn Archelaos eine Zeitlang über Jerusalem und Judäa, den Südteil des Landes Israel. Er wurde wegen Misswirtschaft von der römischen Schutzmacht abgesetzt, und fortan übten die Römer selbst die direkte Herrschaft über das Land Judäa aus. In dieser Zeit lag eine römische Besatzung in der Burg Antonia, die an den Tempelbezirk grenzte, und wachte über die Vorgänge im Bereich des Tempels.

Für den Priesterdienst gab es vierundzwanzig Abteilungen, die jeweils zwei Wochen Dienste im Tempel versahen und dafür sorgten, dass alles seinen geregelten Gang nahm.

Gabriel ist unterwegs

(1,5–25)

Wie ein guter Geschichtsschreiber fährt Lukas auch fort. Er nennt die Zeit der Erzählung, mit der er sein Evangelium beginnt. Es ist die Zeit von Herodes, dem erwähnten König von Judäa. Der Name Judäa meint zu seiner Zeit das ganze Land Israel. Nach dem König führt Lukas die Hauptpersonen der Erzählung ein, den Priester Zacharias und Elisabet, seine Frau. Sie stammt aus der Familie des Priesters Aaron aus der Frühzeit Israels. Beide, Zacharias und Elisabet, sind von edler Herkunft und Juden, die nach den Geboten Gottes leben. Sie sind kinderlos und in ihrem Alter weit fortgeschritten.

Wenn ihr das Bändchen über das 1. Buch Mose kennt, werdet ihr denken: Das hatten wir doch schon einmal. Ein altes Ehepaar, kinderlos, ohne Aussicht auf Nachwuchs. Es ist, als würden Abraham und Sara vorübergehen. Und auch der Bote Gottes bleibt nicht aus. Zacharias verrichtet Räucherdienst im Heiligtum, während das Volk draußen wartet. Da erscheint zur Rechten des Räucheraltars der Bote, und Zacharias erschrickt wie einst Abraham. Doch der Engel spricht ihm Mut zu und enthüllt ihm eine Freudennachricht. Zacharias' Flehen ist erhört, und Elisabet wird einen Sohn gebären, den er Johannes nennen soll.

Auch den Lebensweg des Kindes kündigt der Bote an. Es ist der eines Propheten. Er wird keinen Alkohol trinken, von Mutterleib an mit Gottes Geist erfüllt sein und viele in Israel dazu bewegen, zu ihrem Gott zurückzukehren. So wird Johannes den Weg Gottes bereiten im Geist und in der Kraft des Propheten Elia, eines der Großen in der Bibel Israels. Er wird die Herzen der Eltern versöhnend den Kindern zuwenden und Widerspenstige zu friedlichem Handeln führen, um ein Gott gefallendes Volk zu formen.

Doch Zacharias zögert. Woran soll er ablesen, dass alles wie angekündigt geschieht? Da gibt der Engel ein wenig von seiner Person preis. Sein Name ist Gabriel. Er steht in der Nähe Gottes und ist gesandt, um Zacharias die unglaubliche Nachricht zu überbringen. Doch auch ein Zeichen soll er haben. Weil er der Kunde des Engels nicht getraut hat, soll er verstummen, bis sich alles erfüllt hat. In dieses Zeichen wird das ungeduldig wartende Volk einbezogen. Als Zacharias nicht zu ihnen zu reden vermag, erkennt es, dass ihm im Tempel eine Erscheinung widerfahren ist. Er bleibt stumm und kehrt nach den Tagen seines Priesterdienstes nach Hause zurück. Elisabet aber wird schwanger und lebt fünf Monate zurückgezogen in ihrem Haus.

Maria

(1,26–38)

Sie ist die berühmteste Frau der Weltgeschichte geworden und hat diesen Platz zweitausend Jahre lang behalten. Auf unzähligen Gemälden ist sie abgebildet worden, obwohl niemand ihr Gesicht kennt, in Stein gehauen, aus Holz geschnitzt, selten allein, meist mit ihrem Sohn oder ihrer Familie zusammen. Künstler aller Zeiten hat sie zu Höchstleistungen angespornt. Die Liebe der Menschen hat sie zum Urbild der Mutter gemacht, die in unendlichem Leid um ihren getöteten Sohn trauert. Christinnen und Christen in südlichen und östlichen Ländern verehren sie über die Maßen. Alle Jahre wieder, zu Weihnachten, hat sie einen Platz auch in den Herzen von evangelischen Gläubigen – Maria, in ihrer Muttersprache Mirjam.

Jetzt, als Elisabet im sechsten Monat schwanger ist, bekommt Maria hohen Besuch. Gabriel ist wieder unterwegs, und Lukas, der alles genau und von Anfang an berichten will, gibt nicht nur die Zeit, sondern auch den Ort an. Ziel des Boten, von Gott dorthin gesandt, ist ein Städtchen mit Namen Nazaret in Galiläa, im nördlichen Israel, und Adressatin seines Besuchs eine junge Frau, die mit Josef verlobt ist, einem Mann aus der Familie König Davids.

Beide, Maria und Josef, werden genannt, weil sie wie Elisabet und Zacharias zu den Hauptpersonen gehören. Aber der Engel kommt zu Maria und begrüßt sie mit den himmlischen Worten: Sei gegrüßt, Begnadete! Der Herr ist mit dir! Die Anrede ist einladend, aber anders als sonst ergeht sie ohne ein: Fürchte dich nicht!, wie wir es aus den anderen Engelgeschichten kennen. So ist Maria verwirrt und rätselt über das befremdliche Wort. Doch Gabriel lässt ihr keine Zeit zum Grübeln. Nach Marias Verwirrung folgt die allen Schrecken hinwegnehmende Anrede wie sonst: Fürchte dich nicht! Die Fortsetzung aber – du hast Gnade bei Gott gefunden – erklärt, warum Gabriel sie als Begnadete angeredet hat. In seiner Rede zu Zacharias im Tempel hat er die Geburt Johannes des Täufers angekündigt. Nun sagt er Maria die Geburt eines Sohnes zu. Er gebietet ihr, ihn Jesus zu nennen, und schlägt in drei, vier Sätzen einen Bogen bis in die Ewigkeit. Der Sohn wird groß sein, ja, Sohn Gottes genannt werden. Denn der Geist Gottes wird über Maria kommen und die Kraft des Höchsten sie überschatten, sodass er Gott zum Vater hat.

Wie um seiner Ankündigung stärkere Überzeugungskraft zu verleihen, gibt Gabriel Maria bekannt, dass ihre Verwandte Elisabet im sechsten Monat schwanger ist. Wie einst bei der Zusage der Geburt eines Sohnes für Abraham und Sara ergänzt der Bote: Denn nichts ist unmöglich bei Gott. Da ist es Maria zufrieden und gibt ihr Ja zu Gottes Willen.

Zwei Mütter

(1,39–56)

Nach dem Besuch des Boten aus der himmlischen Welt hält es Maria nicht länger in Nazaret. Sie bricht zu Elisabet in den Bergen von Judäa auf, im Umland Jerusalems. Als sie ihre Verwandte begrüßt, wird Elisabet vom Geist Gottes erfüllt. Sie spricht ein Segenswort über Maria und ein Segenswort über das Ungeborene in ihrem Leib, und sie fragt, wie sie dazu komme, dass die Mutter ihres Herrn, des künftigen Messias, sie besuche. Dann erklärt sie, was sie zu solcher Frage bewegt hat. Als Maria sie begrüßte, strampelte das Ungeborene in ihrem Leib vor Jubel.

Nicht wahr, auch das kennen wir schon aus dem 1. Buch Mose, dass Ungeborene einen eigenen Willen haben? Dort sind es die beiden Zwillinge Jakob und Esau, die ihrer schwangeren Mutter Rebekka Mühe machen. Hier sind die beiden Ungeborenen auch miteinander verwandt, aber zwischen beiden herrscht keine Rivalität, sondern Frieden und Freude. Deren Grund wird in Elisabets Segens- oder Lobwort deutlich. Sie und das Ungeborene erkennen an, wer der Größere der beiden Ungeborenen ist. Ebenso gibt das Lobgebet, das Maria spricht, nachdem Elisabet sie glücklich gepriesen hat, die höhere Stellung Jesu zu erkennen.

Elisabet hat Maria glücklich gepriesen, weil sie geglaubt hat, dass alles, was Gott in der Bibel Israels versprochen hat, eintreffen wird. Was das ist, beschreibt Maria in ihrem Lobgebet in einer gehobenen Sprache. So hat es zuvor bereits der Engel Gabriel in seinen Ankündigungen an Zacharias und an Maria getan. Durch die Art, wie Lukas sie sprechen lässt, zeigt er, dass sie einer anderen Welt angehören, der Welt der Boten Gottes und der Welt derer, die von Gottes Geist und Kraft erfüllt sind.

Maria jubelt in ihrem Lob über alles das, was ihr von Gott her widerfahren ist. Sie rühmt, dass Gott seine Macht erwiesen, die Pläne der Hochmütigen durchkreuzt, die Mächtigen von ihrem Thron gestürzt und Niedrige erhöht hat. Mit alldem hat er sich Israels barmherzig angenommen und zur Erfüllung gebracht, was er einst Abraham und seinen Nachkommen versprochen hat. Doch wann hat er all das getan – die Hochmütigen verstört, die Daniederliegenden aufgerichtet und vor allem die Mächtigen von ihrem Thron gestürzt? Als Maria ihr Lobgebet spricht, sitzt Augustus, der machtvolle Herrscher über das Römische Reich, seit zwanzig Jahren fest im Sattel, und ein Ende ist nicht abzusehen. Und würde man die anderen Aussagen, die Gott um des Kindes willen preisen, nicht erst dann erwarten, wenn das Leben eines Menschen, der Großes getan hat, abgeschlossen ist, sodass man zurückblicken kann auf das, was er geleistet hat? Ist es, wenn ein Kind erwartet und dann so gelobt wird, nicht viel zu früh dafür?

Johannes und Jesus

(1,57–80)

Der große Tag ist da. Elisabet bringt ihren ersten Sohn zur Welt. Ihre Nachbarn und Verwandten hören, dass Gott ihr mit der Geburt des Kindes Barmherzigkeit erwiesen hat. Sie freuen sich mit ihr. Wie es bei Juden üblich ist, will man den Knaben am achten Tag beschneiden. Außerdem will man ihm den Namen seines Vaters geben. Doch Elisabet schreitet energisch ein: Nein, Johannes soll sein Name sein. Doch man protestiert: Wie kommst du denn darauf? Niemand in deiner Verwandtschaft heißt so! Man gibt Zacharias ein Zeichen, welchen Namen er wolle. Der erbittet sich ein Schreibtäfelchen und notiert darauf: Johannes ist sein Name! Alle erstaunen, und Zacharias, der stumm geworden war, weil er der Ankündigung Gabriels nicht getraut hatte, findet nun, da er den ihm gebotenen Namen enthüllt hat, seine Sprache wieder. Er lobt Gott für das, was er an ihm getan hat. Da ergreift ein Schauder die Nachbarn, im ganzen Gebirgsland von Judäa erzählt man, was geschehen ist, und alle, die es hören, sprechen in ihrem Herzen: Was wird dieses Kind einmal sein? Und Gott war, so schließt Lukas seinen Bericht, schützend mit ihm.

Was aber mit dem neugeborenen Sohn einmal sein wird, das enthüllt sein Vater Zacharias. Erfüllt von Gottes

Geist, lobt er Gott mit Prophetenworten und verfährt dabei wie einst Elisabet. Sie hatte ihren eigenen Sohn Maria gegenüber untergeordnet. Ebenso preist Zacharias Gott zuerst angesichts der kommenden Geburt des Messiaskindes. Erst dann kündigt er an, was mit seinem eigenen Sohn sein wird. Sein Lob des kommenden Messias ist ganz auf den Ton gestimmt: Der Gott Israels hat seinem Volk durch einen Retter aus der königlichen Familie Davids Erlösung erwirkt. Er hat damit seine Zusagen an die Propheten und seinen Schwur für Abraham zur Erfüllung gebracht. Er hat Israel von seinen Feinden und allen denen errettet, die es hassen, sodass das Volk ihm alle Tage lang ohne Furcht seinem Willen gemäß dienen kann.

Johannes aber, so kündigt Zacharias seinem Sohne an, wird ein Prophet des Höchsten heißen. Er wird ein Wegbereiter Gottes in seinem Volk sein und die Erkenntnis der Rettung durch die gnädige Vergebung der Schuld bringen. So wird Licht hineinscheinen in das Leben derer, die im Finstern und im Schatten des Todes sitzen, und ihre Füße werden auf den Weg des Friedens gelangen.

Unauslöschliche Hoffnung

(1,68–75)

Stellt euch einmal vor, ihr solltet die schönsten Worte aufschreiben, die es für uns Menschen gibt. Ich könnte mir denken, dass für euch auch diese dabei wären: Freundschaft, Freiheit, Gerechtigkeit, Frieden. Wir finden in uns immer auch das Gegenteil: Feindschaft und Hass, Gier und den Wunsch nach Unterdrückung anderer. Dennoch gehören Freundschaft, Freiheit und Frieden zu unseren unauslöschlichen Sehnsüchten. Sie erhalten uns am Leben, wenn alles dunkel wird. Von alldem, von Hass und Feindschaft, von Unterwerfung und Krieg und von der Sehnsucht nach Freiheit, Gerechtigkeit und Frieden ist das Gebet des Zacharias randvoll.

Es ist sein jüdisches Volk, das in seiner Geschichte wieder und wieder Hass und Feindschaft erlitten und die Sehnsucht nach Frieden und Freiheit gelebt hat. Wir Christen haben dabei eine unrühmliche Rolle gespielt und die Menschen dieses Volkes, Alt und Jung, mit Hass und Feindschaft überzogen. Der Grund war, dass sie anderer Auffassung waren als wir und Jesus nicht als den versprochenen Messias anerkannt haben. Wie hätten sie es auch können, wo sie die Gemeinden des Kindes aus Nazaret so oft nicht als Freunde, sondern als Feinde erlebt haben? Ganz langsam haben wir durch schreckliche Verfehlungen hindurch dazugelernt. Wenn wir als Christinnen und Christen zu diesem Kind gehören, dann können wir nicht Feinde von Jüdinnen und Juden sein, sondern nur Nachbarn und Freunde, die sich um ihre Freiheit und um Frieden für sie sorgen.

Aber dankt Maria nicht dafür, dass Gott die Mächtigen, die andere unterdrücken, vom Thron gestoßen hat? Und preist ihn Zacharias nicht deshalb, weil er Israel von seinen Feinden und denen, die es hassen, errettet und ihnen damit bereits Frieden und Freiheit geschenkt hat? Wie können sie es, obwohl doch alles dagegenspricht?

Wir haben schon im ganzen bisherigen Kapitel des Lukasevangeliums gesehen: Der Evangelist, der Geschichtsschreiber Lukas, ist tief in dem Deuten und Danken der Bibel verwurzelt. Dort, in dem Buch der Psalmen vor allem, haben die Sehnsucht, die Hoffnung und die Gewissheit, dass der Gott Israels und Schöpfer der Welt das Volk retten werde, Reden und Loben der Menschen tiefgreifend geprägt. Sie waren so gewiss, dass Gott das ihnen Verheißene bewirken würde, dass sie ihn gelobt haben, als wäre es bereits geschehen. Diese Gewissheit hat sie nach vorne gezogen und in Treue zu ihm bewahrt. Darum loben Maria und Zacharias: Er hat es getan, obwohl das, was vor Augen liegt, dagegenspricht.

Worte an einen ungeborenen Sohn

(1,76–79)

Zacharias und Lukas haben noch mehr zu sagen als die reine Hoffnung. Deshalb schließt der Vater Johannes des Täufers seine Rede mit dem Wort an seinen ungeborenen Sohn. Mit Blick auf das ungeborene Kind Marias hat er von der Rettung Israels von seinen äußeren Feinden gesprochen. Jetzt fasst er seine inneren Feinde ins Auge und damit auch die Feinde, die wir selbst sind. Deshalb spricht er jetzt nicht direkt von der Rettung, sondern von der Erkenntnis, worin die Rettung besteht, wenn es um uns selbst geht: in der Vergebung des Unrechts, das wir getan haben, und in der Versöhnung, die dort geschieht, wo Schuld vergeben wird. Sie meint Versöhnung mit anderen, aber auch Versöhnung mit uns selbst. Bereits Gabriel hatte in seiner Rede an Zacharias im Tempel ebendies, den Frieden zwischen Eltern und Kindern, als versöhnendes Wirken seines Sohnes Johannes angekündigt. So schließt Zacharias sein Wort an ihn mit einem Satz, der dies alles auf den Punkt bringt. Aufgabe seines Sohnes ist es mit alldem, die Füße der Menschen auf den Weg des Friedens zu lenken.

In dem griechischen Text des Lukasevangeliums ist das Wort Frieden das letzte in dem Gotteslob des Zacharias. Bereits am Schluss seiner Widmung an Theophilus ist Lukas ähnlich verfahren. Er hat dort die Zuverlässigkeit der von ihm berichteten Geschehnisse und damit das für ihn wichtigste Wort betont ans Ende setzt. Wenn er in der Ansprache des Zacharias an Johannes ebenso verfährt, dann deutet sich bereits hier an, dass das Evangelium des Lukas in seinem Kern ein Evangelium des Friedens ist.

Lukas hat eben erst angefangen darzulegen, was das bedeutet. Er braucht dazu am Ende ein ganzes Evangelienbuch. Und noch ist ja nicht einmal die Hauptperson geboren. Doch bevor wir dazu übergehen, wäre es schade, wenn ihr nicht zwei Wörter lerntet, die fest zu dem ersten Kapitel des Lukasevangeliums gehören, das wir durchwandert haben. Beides sind lateinische Wörter. Das erste ist »Magnificat« und bezeichnet das Gotteslob Marias bei ihrem Besuch bei Elisabet. Es beginnt auf Lateinisch: *Magnificat anima mea* – meine Seele macht den Herrn groß, nämlich durch ihre Worte. Wie sollte er bei den Menschen groß sein, gäbe es nicht die, die ihn loben und ihm danken? Das andere Wort ist »Benedictus«. Es ist das erste Wort des Dankes des Priesters Zacharias an den Gott Israels. Es besagt wörtlich: Gesegnet, und es meint: Eine Quelle des Segens, des Guten, ist der Gott Israels, weil er so an uns gehandelt hat, wie Zacharias es dann beschreibt.

Das neugeborene Kind, so schließt Lukas seinen ersten Bericht über Johannes und Jesus, wuchs heran und wurde kräftig im Geist und hielt sich in der Wüste auf bis zu dem Tag, an dem er öffentlich in Israel auftrat.

Es begab sich aber zu der Zeit ...

(2,1–7)

Früher, als wir Menschen in der Bibel zu Hause waren, da war klar: Hörte man die Worte: Es begab sich aber zu der Zeit ..., dann war Weihnachten, Heiligabend, die Feier der Geburt des Kindes in der Krippe. Lukas ist bei seiner Erzählung wieder ganz der Geschichtsschreiber, der genau sein will und zugleich ein Gespür hat für Außerordentliches. In Betlehem wird der Messias geboren, der König aus dem Haus Davids, dessen Herrschaft nach Gabriels Worten kein Ende haben soll. Lukas bringt ihn sofort auf Augenhöhe mit Augustus, dem Herrscher des weltumspannenden Römischen Reiches. Machtvoll ist Augustus, er gebietet über zahllose Truppen, die sein gewaltiges Reich zusammenhalten. Vielleicht könnt ihr einmal die Stadt Rom besuchen. Dann könnt ihr sehen, in welchen Prachtbauten Augustus geherrscht hat, der reichste Mann des Reiches. Und ihm gegenüber ein wehrloses Kind, ohne Macht und doch voll Kraft, der verborgenen Kraft des Gottes Israels und Schöpfers der Welt.

Lukas hat sie mit feinem Gespür in einem Atemzug genannt, den Herrscher der irdischen und den der himmlischen Welt. Er erwähnt den Kaiser in Rom, weil er daran erinnern will, dass er über die Geschichte seiner Zeit schreibt, und auch, weil er Maria, Josef und das ungeborene Kind von Nazaret nach Betlehem bringen will, nicht weit von Jerusalem. Denn Betlehem ist die Heimatstadt des Königs David, und wo, wenn nicht hier, sollte der versprochene Davidssohn geboren werden? Das junge Paar kommt nach Betlehem, weil Lukas herausgefunden hat: Damals gab es eine Anordnung des Kaisers, dass sich jedermann in dem Herkunftsort seiner Familie melden müsse, um für die Zahlung der Kaisersteuer erfasst zu werden. Aber man hat in den römischen Unterlagen jener Zeit keinen Hinweis gefunden, dass Kaiser Augustus dies verordnet hat. Deshalb hat sich Lukas wohl seinen eigenen Reim auf die Frage gemacht: Wie und warum kommen Maria und Josef nach Betlehem? Für die damalige Zeit ist es auch etwas ungewöhnlich, dass ein verlobtes Paar allein die Reise nach Süden unternimmt und die Verlobte schwanger ist. Aber das wissen wir schon, dass es eine ungewöhnliche Schwangerschaft ist und warum sie es ist. Lukas bringt die Situation der beiden nur kurz in Erinnerung und lenkt alles Augenmerk auf das, was nun geschieht.

Als das Paar aus Nazaret in Betlehem eintrifft, setzen die Wehen ein, und Maria schenkt ihrem ersten Sohn das Leben. Betlehem ist schon damals überfüllt, sie finden keine Unterkunft. Maria bringt ihren Sohn in einem Stall zur Welt und legt ihn in eine Futterkrippe für die Tiere. Größer geht der Gegensatz zum Kaiser von Rom nicht. Oder doch?

Auf den unzähligen Bildern, die von dem Ereignis gemalt sind, sitzt Josef, meistens ein alter Mann, neben Maria und dem Kind und schaut sie voller Ruhe an. Manchmal scheint er etwas übermüdet. Ich denke mir, er war vielleicht doch etwas jünger, und vor allem gefällt mir eins der Bilder aus älterer Zeit, auf dem der Maler und mit ihm Josef aus der üblichen Darstellung ausschert. Er kniet auf dem Boden neben einem Gefäß, das auf einem kleinen Feuer steht, und pustet in die Glut, um sie weiter zu entfachen und die Milch für den Kleinen zu erwärmen. Auch ein Gottessohn muss schließlich essen.

In Betlehem ist alles anders

(2,8–20)

Davon habt ihr schon gehört: Wenn ein Kind in einem Königshaus geboren wird, dann gibt es Böllerschüsse, dann drängen sich die Zeitungsleute nach dem ersten Bild, die Menschen jubeln, und die, die das Kind sehen dürfen, kommen in feiner Garderobe.

In Bethlehem ist alles anders. Hirten sind draußen auf dem Feld und hüten des Nachts unter freiem Himmel ihre Herde. Das war vielleicht ein Völkchen, die Hirten. Sie galten als verschlagen, diebisch, hinterhältig, man möchte fast sagen, ein richtiges Gesindel. Doch plötzlich wird es hell um sie, unglaublich hell. Der Bote aus der Gotteswelt ist wieder unterwegs. Er erscheint ihnen, und ein gewaltiger Schrecken fährt in ihre Glieder. Doch der Engel nimmt ihnen die Furcht. Er verkündet, was einen Steinwurf entfernt geschehen ist, zur Freude für das ganze Volk und auch, ja, mehr noch, jetzt an erster Stelle diesen verachteten Hirten zugute. Wie es den Vorfahren versprochen worden ist und wie es Gabriel, Maria und Zacharias angekündigt haben, ist in dieser Nacht in der Stadt Davids der Retter geboren, Christus der Herr, der Messias. Die Hirten brauchen nicht nach einem Wegweiser zu fragen, denn der Bote nennt das Erkennungszeichen, wie Lukas es beschrieben hat, ein

Kind in der Krippe. So gewaltig sind die Nacht und die Botschaft, dass der Bote im Nu umgeben ist von der unzählbaren Menge der himmlischen Heerscharen, die Gott mit den Worten preisen: Ehre sei Gott in der Höhe für das, was er mit der Geburt dieses Kindes getan hat, und Frieden auf Erden unter den Menschen, denen er sich zugewandt hat.

Hier, in dieser über alles leuchtenden Kunde, haben wir es wieder, das Schlüsselwort Frieden, nun nicht verbunden mit dem Zachariassohn Johannes, sondern mit dem Wirken des neugeborenen Retters.

Die Engel ziehen sich in den Himmel zurück, und die Hirten folgen dem Erkennungszeichen, das ihnen gesagt ist. Sie eilen nach Betlehem, um zu sehen, was ihnen vom Himmel her kundgetan ist. Sie finden die Eltern und das Kind in der Krippe und sehen alles so, wie es zu ihnen gesagt war. Und alle, die es von ihnen hören, geraten in Erstaunen. Maria aber bewahrt all das, was sie zu künden haben, in ihrem Herzen. Lukas gibt damit einen kleinen Wink: Verlässliche Kunde haben auch die Hirten gegeben, die ungewöhnlichen Zeugen jener Nacht voller Wunder.

Eltern, wie sie der Himmel mag

(2,21–40)

Maria und Josef bleiben nach der Geburt ihres Sohnes im Süden. Wo sie untergekommen sind, erzählt Lukas nicht. Wichtig ist es für ihn, dass die Eltern von nun an in Tempelnähe bleiben. Denn sie sind Eltern, die so leben, wie es in der Bibel Israels vorgeschrieben ist. So war es schon bei Zacharias und Elisabet. Beide hatten ihren Sohn am achten Tag beschneiden lassen und ihm dann seinen Namen gegeben. So ist es auch bei Maria und Josef. Wie es Gabriel geboten hat, nennen sie ihn Jesus.

Maria befolgt einen weiteren Brauch, den die Bibel Israels für die Geburt eines Kindes vorsieht. Wenn eine Frau ein Kind zur Welt bringt, wird sie durch den Kontakt mit dem Blut unrein und erst nach vierzig Tagen wieder rein. Dies geschieht, indem sie im Tempel durch einen Priester ein Opfer darbringt. Lukas zeigt mit dieser kleinen Erzähleinheit, dass Josef und Maria nach dem Gesetz Gottes leben. Die Eltern haben mit ihrem Gang zum Tempel nach Jerusalem hinauf ihr neugeborenes Kind Gott dargestellt und damit das Schriftwort erfüllt, dass jeder Erstgeborene »Heilig dem Herrn« heißt. Sie bekunden damit, dass das Kind nicht ihnen gehört, sondern eine Leihgabe Gottes ist. Wenn ein Kind getauft wird, dann ist das ein ähnlicher Ritus. Obwohl es schon Gottes Geschöpf ist, wird es Gott übereignet, auf dass er es in seinen Bund und seinen Schutz aufnehme.

Maria und Josef treffen im Tempel auf einen alten Juden und eine greise Jüdin. Beide runden die Geburtsgeschichte des Lukas ab und sind wie ein großes Ja auf alles, was er erzählt hat. Symeon ist vom Geist Gottes versprochen worden, er werde nicht sterben, bevor er nicht den Trost Israels gesehen habe, den Messias. Vielleicht ist der alte Mann mit dem Ruf durch Jerusalem geeilt: Platz da, ihr Leute, ich muss das Kind sehen! Von Gottes Kraft angetrieben, kommt er in den Tempel, als Maria und Josef dort ihr Opfer darbringen. Als er das Kind sieht, nimmt er es auf seine Arme und dankt Gott, dass jetzt in Erfüllung gegangen ist, was ihm versprochen worden ist. Er kann in Frieden sterben, weil er mit dem Anblick des Kindes die Rettung gesehen hat, die Gott vor den Augen aller Völker bereitet hat und die beides umfasst: Licht zur Erkenntnis für die Völker und Ehre für das Gottesvolk Israel. So ist der Dank Symeons wie ein Scharnier, in dem die Tür aufschwingt über Israel hinaus in die Völkerwelt. Es ist kaum mehr als eine Andeutung, die Symeon und Lukas machen, und doch enthält sie das ganze kommende Evangelium des Lukas und seine Apostelgeschichte gleich noch mit. Aber erst bleibt der Blick auf Jerusalem gerichtet. Die Prophetin Hannah, seit vielen Jahrzehnten verwitwet und ständig unter Gebet und Flehen im Tempel, tut es Symeon gleich und redet unter Lob und Dank zu allen, die auf die Erlösung Jerusalems warten.

Maria, Josef und das Kind aber kehren, als alles Gebotene im Tempel getan ist, nach Galiläa in ihr Städtchen zurück. Der Knabe wächst auf, wie es bei einem solchen Sohn naheliegt: im Schutz der Zuwendung Gottes und voller Weisheit. Gleich die nächste Geschichte, die Lukas bereit hat, ist ein Beispiel dafür.

Mit Zwölf ein Lehrer der Lehrenden
(2,41–52)

Von vielen später berühmten Frauen und Männern wird es erzählt: Bereits bei ihrer Geburt geschehen Zeichen und Wunder, und auch in ihrer frühen Jugend begibt sich Ungewöhnliches. So verhält es sich auch mit dem Jungen aus Nazaret.

Maria und Josef bleiben dem Gott Israels, seinem Gesetz und dem Tempel treu. Jedes Jahr pilgern sie mit einer Karawane zum Passafest im Frühjahr nach Jerusalem, um vor ihrem Gott zu erscheinen. Dreimal im Jahr sollen Juden es den Anordnungen der Bibel gemäß tun, am Passafest, am jüdischen Pfingsten und am Laubhüttenfest im Herbst. Wenn unsere Geschichte das Passafest auswählt, dann vielleicht deshalb, weil dieses Fest auch später im Evangelium eine herausragende Rolle spielt. Doch am wichtigsten ist für Lukas das, was nun geschieht.

Als die Reisegesellschaft nach Norden aufbricht, macht sich der Zwölfjährige ohne Wissen seiner Eltern selbständig und bleibt in Jerusalem. Die Eltern glauben ihn bei Verwandten und Bekannten in der Karawane. Als sie ihn nicht entdecken, kehren sie nach Jerusalem zurück und suchen ihn dort. Erst nach drei Tagen finden sie ihn im Tempel. Drei Tage Suche in Jerusalem!

Wie sollte man nicht verstehen, dass es aus der Mutter herausbricht: Kind, warum hast du uns das angetan! Doch der Junge ist verständnislos: Wusstet ihr nicht, dass ich im Haus meines Vaters sein muss? Die Eltern haben jedoch nicht miterlebt, was sich zuvor getan hat, und verstehen ihn nicht. Als sie in den Tempel kommen, sehen sie ihn dort inmitten der Lehrer Israels, die ihn hören und fragen. Und so viel Einsicht spricht aus ihm, dass alle, die hören, was er sagt, aus dem Häuschen sind.

Wir erfahren von Lukas nicht, worüber sie gesprochen haben und was er gefragt und geantwortet hat. Aber er deutet durch die Art der Geschichte an, dass dieser weise Zwölfjährige die Lehre der Lehrer Israels erschließt. Trotzdem ist es keine Einbahnstraße. Jesus antwortet nicht nur, sondern er fragt selbst. Mit Frage und Antwort ist es hier, beim ersten öffentlichen Auftreten Jesu, ein Gespräch mit den Lehrern Israels.

Auf zahllosen Bildern hat man im Laufe der Zeit diese Szene dargestellt und gedeutet. Auf den einen thront Jesus über den Lehrern, die untereinander debattieren. Auf anderen sitzt er mitten unter ihnen und diskutiert mit ihnen. Immer aber fällt das meiste Licht auf den Jungen aus Nazaret. Nur der berühmte jüdische Maler Max Liebermann, der vor über hundert Jahren in Berlin gelebt hat, ist einen anderen Weg gegangen. Er hat den Zwölfjährigen wie einen ärmlich gekleideten Jungen von der Straße gemalt. Er ist daraufhin so angefeindet worden, dass er ihn übermalt und einen lieblichen Jungen aus ihm gemacht hat. Deshalb ist es schön, dass ein anderes realistisches Bild so überlebt hat, wie es gemalt worden ist. So hat der Maler Max Ernst dargestellt, wie der heranwachsende Junge aus Nazaret von seiner Mutter und mit den Nachbarn als Zeugen eine so gehörige Tracht Prügel bekommt, dass sein Heiligenschein herabgefallen ist.

Lukas hätte das wohl nicht gefallen. Aber der Schöpfer der Welt hätte zum Bild von Max Ernst vielleicht gesagt: Recht so, wenn er etwas ausgefressen hat. Aber das sind so meine Gedanken. Könnt ihr euch das vorstellen, dass der Schöpfer so reagiert hätte? Wenn ja, dann hättet ihr verstanden, dass der Junge aus Nazaret wirklich ein Mensch war.

Am Ende der Geschichte notiert Lukas, dass Jesus nach ihrer Rückkehr nach Nazaret auf seine Eltern hörte und seine Mutter wie einst beim Besuch der Hirten in Betlehem alles, was geschehen war, in ihrem Herzen bewahrte.

Warum aber finden ihn seine Eltern in Jerusalem erst nach drei Tagen? Später, gegen Ende seines Evangeliums, erzählt Lukas, Jesus sei am dritten Tag nach seinem Tod am Passafest in Jerusalem aus dem Tod ins Leben gerufen worden. Am Anfang und am Ende seines Wirkens ein Passafest in Jerusalem – das scheint wie zwei Klammern um sein Leben, über die man weiter nachdenken kann.

Zwanzig Jahre später
(3,1–20)

Nach der Szene im Tempel macht Lukas in seinem Evangelium einen Sprung von zwanzig Jahren. Er selbst lässt uns das wissen. Im fünfzehnten Jahr des Kaisers Tiberius, als Pontius Pilatus römischer Statthalter in Judäa war und im Auftrag Roms das Land regierte und als der Sohn Herodes des Großen mit demselben Namen wie sein Vater über Galiläa herrschte und sein anderer Sohn Philippus über Gebiete noch weiter nordöstlich und dazu ein Lysias weiter nördlich über das Gebiet von Abilene, als weiter Hannas und Kaiphas Hohepriester in Jerusalem waren – mit diesen geballten geschichtlichen Nachrichten setzt Lukas ein und macht deutlich: Das, was er jetzt berichtet, ist nicht, wie er später einmal in der Apostelgeschichte sagt, im Winkel geschehen, sondern Teil der Geschichte des Römischen Reiches und des Landes Israel mit seiner Umgebung. Es ist die weltgeschichtliche Bühne, auf der Johannes, der Sohn des Priesters Zacharias, auftritt, als in der Wüste das Wort Gottes an ihn ergeht.

Wo genau es geschieht, sagt Lukas nicht, nur dass es am Jordanfluss ist, denn Johannes braucht zu dem, wozu er beauftragt ist, Wasser. Er soll sein Volk zur Umkehr von seinen verkehrten Wegen rufen, auf dass ihm seine Verfehlungen vergeben werden. Umkehr und Vergebung soll Johannes durch die Taufe der Menschen im Jordan besiegeln. Es geschieht in Übereinstimmung mit dem, was der Prophet Jesaja nach der Bibel angekündigt hat. In der Wüste soll die Stimme eines Rufers erklingen: Bereitet den Weg des Herrn! Alle natürlichen Hindernisse sollen eingeebnet werden, sodass alle kommen und das rettende Handeln Gottes sehen, so wie es schon Symeon geschaut hat.

Die Menschen folgen dem Ruf des Johannes und kommen zu ihm hinaus, um sich von ihm taufen zu lassen. Bereits in seiner Geburtsgeschichte hat Lukas hervorgehoben, dass Johannes seinem Volk Erkenntnis der Rettung durch die Vergebung ihrer Verfehlungen bringen soll. Darauf zielt auch sein Wirken als Täufer. Umkehr ist keine leichte Sache, mit der einfachen Taufe ist es nicht getan. Deshalb nimmt sich Johannes die, die zur Taufe kommen, vor und rüttelt sie auf: Wer hat euch, ihr Schlangenbrut, eingeredet, dass ihr auf solch leichtem Weg loswerdet, was ihr eurem Gott schuldet? Beweist, dass ihr zu ihm zurückkehren wollt, indem ihr entsprechend handelt. Redet euch nicht damit heraus, dass ihr Abraham als Vater habt. Gott kann dem Abraham allemal aus Steinen Kinder erwecken. Die Axt ist schon an den Baum angelegt. Jeder Baum, der keine Frucht trägt, wird abgehauen und ins Feuer geworfen werden. So wie hier Johannes haben schon jene Propheten Israels gerufen, die dem Volk nicht nach dem Munde geredet haben.

Die Drohungen des Täufers zeigen Wirkung, und die Menschen fragen ihn, was sie tun sollen, um umzukehren. Die Anweisungen des Täufers sind einfach. Wer hat, soll Kleidung und Essen mit denen teilen, die nichts haben. Die Steuereinnehmer sollen nicht mehr kassieren, als rechtens ist, und die Soldaten sollen sich mit ihrem Sold begnügen, niemanden misshandeln oder erpressen. Es ist nicht allzu schwer, was Johannes fordert. Und doch – schauen wir in unsere Welt, dann ist leicht auszumachen, wie aktuell seine Forderungen nach wie vor weltweit sind. In zahllosen Ländern herrschen Armut und Not, und in unserem Land treibt die Gier Menschen dazu an, gewaltige Steuersummen, die sie dem Staat und durch ihn der Gesellschaft schulden, zu unterschlagen und durch Betrug auf Kosten der anderen zu leben.

Dem Volk, das Johannes hört, scheint solche Rede ungewohnt. So beginnt es zu fragen, ob er vielleicht der Messias sei. Doch Johannes lässt kein Missverständnis aufkommen. Er tauft allein mit Wasser, der aber, der nach ihm kommt, ist stärker als er und wird mit Heiligem Geist und Feuer taufen. Er wird Gericht halten, den Weizen von der Spreu trennen und die Spreu mit unauslöschlichem Feuer verbrennen.

Johannes weist nicht nur die kleinen Leute zurecht, die zu ihm kommen. Er scheut auch vor den Großen nicht zurück. Er greift Herodes II. an, weil er die Frau seines Bruders Philippus geheiratet hat, was nach der jüdischen Bibel verboten ist. Auch anderer böser Taten wegen klagt er den Herrscher an. Am Ende wird er von ihm ins Gefängnis geworfen.

Die Wurzel Jesu in Bibel und Geschichte Israels

(3,21–38)

Unter denen, die zu Johannes an den Jordan kommen, ist auch Jesus von Nazaret. Lukas erzählt dies erst, nachdem er die Gefangennahme des Johannes berichtet hat. So zieht er einen Trennungsstrich zwischen dem Wirken beider. Sie sind auch jetzt keine Rivalen. Mit dem ganzen Volk, das zu Johannes geströmt ist, wird auch Jesus getauft. Während er betet, öffnet sich der Himmel und der Heilige Geist, die Gotteskraft, kommt auf ihn herab wie in Gestalt einer Taube, und eine Stimme aus dem Himmel redet ihn mit den Worten an: Du bist mein geliebter Sohn, den ich erwählt habe.

Der Evangelist Matthäus hat sein Evangelium damit begonnen, dass er den Stammbaum Jesu, seine Herkunft, durch die Generationen der Bibel bis auf Abraham zurückführt. Lukas kommt erst hier, als er mit dem Auftreten Jesu mit dreißig Jahren einsetzt, auf seine Herkunft zu sprechen. Er ist Sohn Gottes, wie die Stimme bei seiner Taufe erklärt, aber zugleich auch ein Sohn Israels, dessen Vorfahren Lukas über Abraham hinaus bis zu Adam zurückzuführen weiß. Adam aber ist ein Geschöpf Gottes, und so lehrt der Evangelist, dass Jesus auch im Sinne seines Stammbaums ein Sohn Israels und ein Sohn Gottes ist.

Die beiden Stammbäume bei Matthäus und Lukas stimmen nicht überein. Dies zeigt, wie schwierig es für beide war, diese Linie bis weit in die Geschichte des jüdischen Volkes und darüber hinaus bis ganz an den Anfang zurückzuziehen. Aber es gehört für beide dazu, dass die Geschichte, die sie zu berichten haben, weit in die Vergangenheit zurückreicht. Mit diesem Bogen zurück in die Vergangenheit bezeugen sie, dass hier etwas nach Plan abläuft und dass der Nazarener, von dem sie beide, Matthäus und Lukas, erzählen, ein unverrückbarer Teil der Bibel und Geschichte Israels ist.

Der Härtetest

(4,1–11)

Vielleicht erinnert ihr euch: Als der Gott Israels und Schöpfer der Welt wissen wollte, ob er sich auf Abraham verlassen könne, da prüfte er ihn. Die Bibel nennt eine solche Prüfung Versuchung. Von einer solchen Versuchung erzählt Lukas gleich am Beginn des Wirkens Jesu in Israel. Nur ist der, der ihn versucht, nicht Gott, sondern dessen Widersacher, der Teufel. Doch es scheint, als würde es in höherer Regie geschehen. Voll der Kraft Gottes wird Jesus nach seiner Taufe im Jordan von dieser Kraft in die Wüste geführt und vierzig Tage vom Teufel versucht. Er fastet in dieser Zeit. Als sie zu Ende geht, hungert ihn.

Da tritt der Teufel an ihn heran und lockt ihn, den Beweis dafür anzutreten, dass er der Sohn Gottes ist. Wenn ja, soll er die Steine vor ihnen in Brot verwandeln. Doch Jesus antwortet mit einem Bibelwort: Der Mensch lebt nicht vom Brot allein. Da führt der Teufel ihn in die Höhe, zeigt ihm in einem Augenblick alle Reiche der Welt und macht ihm ein verlockendes Angebot. All diese Pracht, über die er gebietet, will er ihm geben, wenn er niederfällt und ihn anbetet. Doch Jesus lehnt erneut mit einem Bibelwort ab, das zum Herzstück der Religion Israels gehört: Du sollst den Herrn, deinen Gott, anbeten und ihm allein dienen. Doch der Teufel lässt nicht ab und macht einen letzten Versuch. Er führt Jesus erneut in die Höhe, diesmal nach Jerusalem, stellt ihn hoch oben auf den Tempel und argumentiert nun selbst mit der jüdischen Bibel: Wenn du Gottes Sohn bist, dann wirf dich hinab, denn es steht geschrieben: Er wird seinen Engeln gebieten, dass sie dich bewahren, und sie werden dich auf Händen tragen, damit du nicht mit deinem Fuß an einen Stein stößt. Ein frommer Teufel, der die Heilige Schrift zitiert. Doch er läuft erneut ins Leere: Du sollst den Herrn, deinen Gott, nicht versuchen, belehrt Jesus seinen Gegenspieler. Er beendet damit den Disput, und der Teufel zieht sich vorerst zurück.

Den Hunger in der Welt stillen, die Herrschaft über die ganze Welt erhalten und alles zum Guten wenden, wie Superman oder Batman gefahrlos durch die Luft fliegen und zur Stelle sein, wenn man uns als Retter und Helfer braucht. Das wäre was oder nicht? Die Bibel deutet mit ihrer Geschichte von der Prüfung Jesu an: Wenn uns all dies tatsächlich gegeben wäre, es ginge weit über unsere Kräfte hinaus und würde zuletzt im Gegenteil von dem enden, was uns vor Augen steht. Denn wenn schon der Sohn Gottes die Angebote des Teufels ablehnt, um wie viel mehr kommt es uns zu! Aber ihr könnt es ja einmal in Gedanken durchspielen: Was wäre, wenn ich …

Der Anfang in Galiläa

(4,16–22)

Die Kraft, die Jesus aus seiner Beziehung zu Gott erhält, hat ihn befähigt, den Angeboten des Teufels zu widerstehen. In dieser Kraft kehrt er aus dem Süden nach Galiläa zurück. Sein Ruf verbreitet sich ringsum. Er lehrt in den Synagogen, den jüdischen Lehrhäusern, von allen geehrt. Doch der Schein trügt, und der Erfolg lässt auf sich warten.

Als er nach Nazaret kommt, dorthin, wo er aufgewachsen ist, geht er seiner Gewohnheit nach in die Synagoge. Er erhebt sich, um aus der Bibel vorzulesen. Als ihm die Buchrolle mit den Worten des Propheten Jesaja übergeben wird, findet er die Stelle, die wie geschaffen ist, um ihn und sein Wirken zu deuten: In der Kraft Gottes ist er gesandt, um den Armen gute Nachrichten zu bringen, Gefangenen Befreiung und den Blinden den Wiedergewinn ihres Augenlichts, Geknechtete in die Freiheit zu entlassen und ein Gnadenjahr Gottes auszurufen.

Für Lukas ist Jesus der, der von den Propheten Israels angekündigt worden ist. So macht es Sinn, dass Jesus hier ein Wort aus der Prophetenrolle Jesajas vorliest. In den Synagogen wird sonst zwar auch aus den Büchern der Propheten vorgelesen, vor allem aber aus den Fünf Büchern Mose. Sie werden während eines Jahres aus einer Torarolle vorgetragen. Das Auftreten Jesu in der Synagoge in Nazaret gehört zu den frühen Überlieferungen, in denen die jüdischen Lehr-, Lern- und Gotteshäuser erscheinen. Lukas weiß manches zu erzählen, das fest zur Synagoge gehört und in anderen Berichten erst sehr viel später erwähnt wird. Dazu gehört der Synagogendiener, der ihm die Buchrolle abnimmt und verwahrt, nachdem Jesus sie zusammengerollt hat. Wie damals üblich, setzt Jesus sich, um die Schriftstelle, die er vorgelesen hat, auszulegen.

Die Augen aller sind auf ihn gerichtet, und sie werden nicht enttäuscht. Stellt euch einmal vor, heute würden eine Pfarrerin oder ein Pfarrer eine solche Stelle vorlesen und dann einfach sagen: Mit alldem, was ich eben vorgelesen habe, bin ich gemeint. Mit anderen Worten: Ich bin der Messias, der von Gott gesandte Retter. Na, das gäbe ein Gemurmel, und den Rest könnt ihr euch denken. Die Leute in Nazaret reagieren zunächst noch unerwartet friedlich, verwundert über die Freiheitsworte aus dem Munde Jesu. Nur Erstaunen mischt sich in ihre Reaktion: Ist das nicht Josefs Junge? Den kennen wir doch, der ist doch bei uns aufgewachsen!

Ein weiter Bogen bis ans Ende

(4,23–30)

Es scheint, als würde Jesus ahnen, dass in der Frage der Leute ein Zweifel wohnt und dass sie mehr erwarten als das bloße Wort: Ich bin's. So kommt er ihrem Einwand vorweg. Sie werden zu ihm sagen: Tu auch bei uns solche Zeichen und Wunder, wie wir es von dir in Kapernaum, unten am See Genezaret, gehört haben, damit wir dir glauben können! Doch es ist auch bei euch hier in Nazaret so, wie es das Sprichwort sagt: Kein Prophet ist bei sich zu Hause willkommen. Schaut in der Bibel nach. So ist es dem Propheten Elia ergangen, der trotz der großen Hungersnot im Lande nur zu einer Witwe jenseits von Israels Grenzen geschickt wurde. Und ebenso geschah es dem Propheten Elisa, der unter vielen Aussätzigen nur den Syrer Naäman heilte. Fast scheint es, als würde Jesus mit diesen Worten den Konflikt suchen. Die Leute fühlen sich angegriffen, sie geraten in Wut und wollen ihn eine Klippe hinunterstoßen. Aber seine Zeit ist noch nicht gekommen, und so entzieht er sich ihnen.

Vielleicht habt ihr ein bisschen Mühe mit dieser Geschichte? Scheint es nicht so, als hätte Jesus den Menschen seines Heimatortes keine Chance gegeben? Waren sie nicht zunächst gutwillig? Es ist gar nicht so falsch, wenn ihr etwas zögert, dem Fortgang dieser Geschichte zu folgen.

Ihrem Sinn kommen wir näher, wenn wir auf ihren Platz achten. Sie erzählt vom ersten öffentlichen Auftreten Jesu und soll beispielhaft sein. In sie sind alle Erfahrungen der Ablehnung eingegangen, die Jesus selber und dann auch seine Gemeinden in ihrer Anfangszeit erfahren haben. Lukas will deutlich machen: In dem Wunsch, Jesus zu töten, deutet sich gleich am Anfang das Geschick an, das ihn am Ende ereilt. So ist das, was in Nazaret geschieht, wie ein großes Vorzeichen vor der Erzählung von Jesu Wirken in seinem Volk, das nun überhaupt erst beginnt.

Lukas muss von seinem Wirken weiter erzählen, weil ja noch nicht all das eingelöst ist, was Jesus von sich mit den Worten des Propheten Jesaja angekündigt hat. Ja, der Geist, die Kraft Gottes ruht auf ihm, das wissen wir seit seiner Taufe durch Johannes und seit seinem Sieg über den Versucher. Aber Verkündigung des Evangeliums für die Armen, Freiheit für Gefangene, Licht für die Blinden?

Das scheint vorerst wie ein Programm, das erst noch mit Leben zu füllen ist. Jesus beginnt damit gleich da, wo er anscheinend schon einmal war, in Kapernaum am nördlichen Rand des Sees Genezaret.

Der Schrecken der Dämonen

(4,31–37)

In Kapernaum werden noch heute die Reste einer Synagoge gezeigt, die dort ausgegraben und teilweise wiederhergestellt worden ist. Früher konnte man denken, dass man mit ihren Überbleibseln schon ganz nahe an der Wirkungsstätte Jesu sei. Es hätte auch sein können; denn die ältesten Synagogen im Lande Israel sind für die Zeit Jesu bezeugt. Aber die Reste in Kapernaum stammen aus sehr viel späterer Zeit.

In Kapernaum lehrt Jesus eine Zeitlang am Sabbat in der Synagoge. Hier kann er es unangefochten, ja, die Menschen geraten in Erstaunen über seine Lehre; denn sein Wort, so vermerkt es Lukas, war von besonderer Kraft. An einem Beispiel führt er dies vor Augen. In der Synagoge trifft Jesus auf einen Kranken, der nicht bei sich selbst ist, sondern von einer fremden Macht beherrscht wird. Er fühlt sich von Jesus bedroht und schreit ihn an: Lass es, was haben wir miteinander zu schaffen, Jesus von Nazaret? Ich weiß, wer du bist, der Heilige Gottes! Von dem Kranken heißt es zu Beginn, er habe den Geist eines unreinen Dämons gehabt. So treffen hier beide unversöhnlich aufeinander, der Heilige Gottes, begabt mit der Kraft Gottes, und die Welt der Besessenen, die der Heilung bedürfen.

Es ist für uns eine fremde Welt. Denn es gibt sie zwar – Menschen, die von einer Sucht, einem Wahn, einer Gier besessen sind und gleichsam neben sich stehen. Aber das, was Lukas erzählt, ist etwas anderes. Als Jesus dem bösen Geist befiehlt, still zu sein und sich davonzumachen, reißt er den Kranken in die Mitte der Synagoge und fährt aus von ihm. Wir wissen heute, dass Menschen, die epileptische Anfälle haben, krampfen und hin und her gerissen werden, bevor sie irgendwann zur Ruhe kommen. So haben wir ein anderes Verständnis von Besessenheit. Wir rufen nach einem Arzt, wenn wir Zeuge eines solchen Anfalls werden, und nicht nach einem Heiler, der den bösen Geist vertreibt, das heißt nach einem Exorzisten. So erzählt Lukas mit dieser uns fremden Geschichte, unter den Voraussetzungen einer anderen Zeit, von Jesus dem Arzt, der durch seine heilenden Fähigkeiten das Staunen der Leute erregt. Sie sagen untereinander das, was Lukas seinen Leserinnen und Lesern einprägen will: Welch eine Kraft des Wortes, dass ihm sogar die unreinen Geister gehorchen und das Feld räumen!

Die Gegenwehr
(4,38–43)

Was Wunder, dass sich der Ruf Jesu als Heiler überall hin verbreitet! Vorerst hat er jedoch in Kapernaum zu tun. Er kommt in das Haus eines gewissen Simon, dessen Schwiegermutter an heftigem Fieber leidet. Als man ihn zu helfen bittet, befreit er sie davon, und sie tritt dankbar in seinen Dienst. Dann kommen die Leute von überall her und bringen alle möglichen Kranken zu ihm, denen er seine heilenden Hände auflegt.

Es gibt tatsächlich Menschen, die eine besondere Ausstrahlung und heilende Hände haben, die Wärme abgeben und Menschen wohltun. Doch es ist nicht das, wovon Lukas erzählt. Hier geht es um Kampf und Heilung. Denn die Mächte, die Jesus vertreibt, wehren sich. Sie bezeichnen ihn als Sohn Gottes und suchen Macht über ihn zu gewinnen. Auch dies gehört zum Erzählgut der Alten Welt. Es ist uns fremd geworden und erinnert ein wenig an das Märchen von Rumpelstilzchen, das erst dann seine Macht verliert, als sein Name bekannt und ausgesprochen wird. Dennoch kennen auch wir die Macht, die die Kenntnis eines Namens zu verleihen mag, so zum Beispiel, wenn der Name eines Menschen verraten und er dadurch ausgeliefert wird.

Nach getaner Arbeit zieht Jesus sich an einen einsamen Ort zurück. Die Menge sucht und findet ihn. Doch er macht sich los und verweist auf seine Bestimmung, auch den anderen Städten das Evangelium zu bringen. Er verkündigt es in den Synagogen von Judäa. Doch Judäa ist weit weg. Es beginnt mehrere Tagereisen weiter südlich, und Jesus ist gleich darauf wieder in Galiläa. So verwundert es nicht, dass viele Handschriften, in denen das Evangelium nach Lukas überliefert ist, an dieser Stelle korrigiert und geschrieben haben: Galiläa – es war Galiläa, nicht Judäa.

Nicht ohne die anderen!

(5,1–16)

Im Evangelium nach Johannes sagt Jesus an einer Stelle zu seinen Jüngern: Ohne mich könnt ihr nichts tun. Ja, aber es gilt auch umgekehrt: Was wäre ein Messias ohne Menschen, die ihm folgen und vorangehen? Und so schaut sich Jesus um, als er am Strand des Sees Genezaret steht und zu den Menschen von Gott redet. Er sieht zwei Boote liegen, deren Besitzer ausgestiegen sind und ihre Netze waschen. Er steigt in eins der Boote, das dem erwähnten Simon gehört, und bittet ihn, ein wenig vom Land wegzurudern. Er nimmt Platz und lehrt die Menge.

Dann bittet er Simon, ins Tiefe hinauszufahren. Doch der sieht das nicht ein. Die ganze Nacht haben sie das getan, sich abgequält und nichts gefangen. Doch auf das Wort des Meisters hin will er's noch einmal versuchen. Und das Unglaubliche geschieht. Die Netze erfassen eine so große Menge von Fischen, dass sie zu zerreißen drohen. Die Fischer müssen ihre Genossen in dem anderen Boot zu Hilfe rufen und laden beide Boote so voll, dass sie zu sinken drohen. Da spürt Simon das Außerordentliche, das hier geschieht. Er fällt auf die Knie und bittet den Wundermann: Geh von mir, denn ich bin ein schuldiger Mann, Herr. Wie ihn überfällt Erschrecken auch die Genossen des Simon, Jakobus und Johannes, die Söhne des Zebedäus. Doch Jesus nimmt Simon die Furcht und sagt ihm an, was die Stunde geschlagen hat: Von nun an wirst du Menschen fischen! Alle drei ziehen ihre Boote an Land, verlassen alles und folgen Jesus nach.

Wunder über Wunder! In einer der Städte fällt ein Mann, der leprakrank ist, auf sein Angesicht und bittet ihn: Herr, wenn du willst, kannst du mich gesund machen. Da streckt Jesus seine Hand aus und spricht: Ich will. Sei gesund! Und es geschieht. Nur soll er's für sich behalten. Da ein Leprakranker als unrein gilt, soll er sich jedoch einem Priester zeigen und das Dankopfer darbringen, das Mose und die Bibel Israels für diesen Fall vorgesehen haben.

Wieder verbreitet sich die Kunde ringsum, und viele Leute kommen zusammen, um ihn zu hören und von ihren Krankheiten geheilt zu werden. Wäre es heute anders? Auch im Blick auf diese Scharen und das, was sie zu erzählen wissen, gilt: Nicht ohne die anderen! Jesus aber schöpft seine Kraft nicht aus sich selbst oder aus den anderen. Er zieht sich in die Einsamkeit zurück, um zu beten und Kraft zu sammeln.

Vergebene Schuld

(5,17–26)

Heute würde man, wenn man den Jargon nicht scheut, sagen: Großes Kino! Jesus lehrt, und seine Zuhörer sind Angehörige der gewissenhaften Pharisäer, der Frommen jener Zeit, und der bibelkundigen Toralehrer, die aus allen Dörfern Galiläas und Judäas und um Jerusalem herum gekommen sind. Sie wollen sehen, was es mit diesem Mann auf sich hat, von dem so viel die Rede ist und von dem Lukas vorweg sagt, dass die Kraft Gottes zum Heilen in ihm sei.

Dann beginnt eine unvergessliche Geschichte. Männer bringen einen Gelähmten auf einer Liege herbei. Sie suchen ihn zu dem zu bringen, von dem sie Hilfe für ihn erhoffen. Doch die Menge lässt sie nicht durch. Da steigen sie auf das flache Dach hinauf, decken die Lehmziegel ab und lassen den Kranken nach unten hinab, direkt vor Jesus. Als der ihren Glauben sieht – welch ein schönes Wort, manchmal kann man den Glauben von Menschen sehen –, reagiert er unerwartet. Kein Wort, das die Lähmung wegnimmt, sondern: Mann, deine Verfehlungen sind dir vergeben. Keine Heilung? O doch, auch die Schuld, die Menschen auf sich laden, ist wie eine Krankheit, auch wenn wir sie am liebsten wegdrängen und vergessen. Aber sie ist wie ein Ball, den man unter Wasser drückt. Wenn man ihn loslässt, taucht er wieder auf.

Dort, wo Schuld erkannt und anerkannt wird und wo man sagt: Es tut mir leid, und die Antwort kommt: Vergeben und vergessen, auch dort geschieht deshalb eine Heilung, dort kehrt das Leben zurück. So hat Lukas zu Beginn mit Bedacht gesagt: Und die Kraft Gottes war bei ihm, sodass er heilen konnte.

Die Frommen und die Bibelgelehrten scheinen es zu spüren, dass hier Außerordentliches geschieht, und so denken sie in ihrem Herzen: Wer ist das? Er maßt sich etwas an! Wer kann Schuld vergeben außer Gott allein, der mitverletzt wird, wenn seinen Geschöpfen Unrecht getan wird? Doch Jesus durchschaut sie, und so antwortet er mit einer Gegenfrage: Was ist leichter, zu sagen: Deine Schuld ist dir vergeben, oder: Steh auf und geh! Und damit die anderen sehen, dass er als Menschensohn aus der Welt Gottes das Recht hat, stellvertretend für den Schöpfer der Welt Schuld zu vergeben, spricht er zu dem Gelähmten: Ich sage dir: Steh auf, nimm dein Bett und geh nach Hause. Und sogleich sprang er auf, eilte mit seiner Liege davon, und man hörte sein Lob- und Danklied in allen Straßen, durch die er zog. Alle aber, die es miterlebten, taten es ihm auf ihre Weise gleich. Sie priesen Gott und wurden von Schauder erfüllt und riefen: Heute haben wir Unglaubliches gesehen!

Ein Herz für die draußen

(5,27–39)

Soeben hat Lukas vom Messias des Wortes und der Tat erzählt. Er vergibt Schuld und heilt und setzt sich mit dem Menschensohn gleich, von dem in den heiligen Schriften Israels als Richter und Retter die Rede ist. Nun fährt er fort, Menschen zu sammeln, die ihm nachfolgen. Einen Zolleinnehmer Levi ruft er von seinem Platz an der Zollstation weg. Wie zuvor Simon und die beiden anderen Fischer lässt Levi alles stehen und liegen und folgt ihm nach. Und schon ist der nächste Konflikt da.

Levi gibt ein großes Essen in seinem Haus, mit einer Menge von Leuten seines Berufes, mit anderen Gästen und auch mit Frommen und Bibelgelehrten. Sie geben keine Ruhe und fragen seine Jünger vorwurfsvoll: Warum esst und trinkt ihr zusammen mit Zöllnern und anderen fragwürdigen Leuten? Jesus hört es und springt für die Jünger ein: Nicht die Gesunden brauchen einen Arzt, sondern die Kranken. Ich bin nicht gekommen, um Menschen, die in Ordnung sind, zu rufen; sondern ich bin da, um Leute, die Unrecht tun, zur Abkehr von ihrem falschen Weg zu bringen.

Welch ein weitreichendes Wort! Es gibt Menschen, die Jesus ohne Bindung an ihn selbst als Gerechte, als Menschen, die Gott recht sind, bezeichnen kann. Sie müssen nicht durch ihn zu Gott zurückgebracht werden. In der Geschichte der Kirchen hat man diese Unterscheidung immer wieder aufgehoben und geurteilt: Alle sind schuldig und bedürfen der Erlösung durch Jesus Christus. Viel Elend ist durch diesen Absolutismus dann bewirkt worden, wenn man versucht hat, das Nein der anderen mit allen möglichen Formen von Gewalt zu überwinden. Ganz, ganz langsam ist in den letzten Jahrzehnten ein Umdenken erfolgt. Aus religiöser Rivalität ist eine Partnerschaft geworden, in der man den anderen achtet und nicht gegen ihn, sondern mit ihm lernt.

Dennoch, so schön diese Geschichte ist, an einer Stelle läuft sie so, wie Lukas sie erzählt hat, nicht rund. Die Frommen und Bibelgelehrten regen sich darüber auf, dass die Jünger mit Zöllnern und anderem Gesindel essen. Und was ist mit ihnen selbst, die es nach Lukas hier doch auch tun? So hat unser Evangelist hier anscheinend gedacht: Ich brauche Gegner! Also, heran mit den Frommen und den Bibelgelehrten. Nein, lieber Lukas, so geht das nicht, und Pardon, ihr lieben Frommen und Bibelgelehrten, für sein Verhalten.

Eine letzte Frage ergeht an Jesus bei jenem Mahl: Warum fasten seine Jünger im Unterschied zu anderen Gruppen nicht? Er antwortet: Jetzt, solange ich bei ihnen bin, ist Freuden- und nicht Fastenzeit. Später werden auch sie es tun.

Um des Menschen willen
(6,1–11)

Was ist verboten und was erlaubt? In allen Religionen spielt diese Frage eine zentrale Rolle, umso mehr, wenn zwei Zeiten miteinander ringen, wenn Alt und Neu aufeinandertreffen. Lukas hat es mit seinen Gleichnisworten über das Fasten angedeutet. Mit zwei Geschichten führt er das Thema weiter.

Jesus und seine Jünger gehen am Sabbat durch die Felder. Die Jünger rupfen Ähren aus, zerreiben sie zwischen den Fingern und essen die Körner. Das Zerreiben gilt in jener Zeit als Arbeit, und arbeiten ist am Sabbat verboten. Einige von denen, die es mit den Geboten genau nehmen, sind zur Stelle und fragen: Warum entweiht ihr den Sabbat? Doch Jesus verweist sie auf die Bibel: Als König David und die Seinen hungerten, ging er in das Haus Gottes, aß die dort ausgelegten Brote, die nur die Priester essen dürfen, und gab auch seinen Leuten ab. Wie einst David das Recht hatte, das Gebot zu übertreten, so ist auch der Menschensohn Gebieter über den Sabbat.

Vielleicht meint Menschensohn hier wie an vielen anderen Stellen der Bibel einfach den Menschen, sodass von allen die Rede ist. Dann liegt es auf einer Linie mit einem Wort, das bei Matthäus und Markus mit dieser

Geschichte verbunden ist: Der Mensch ist nicht um des Sabbats willen, sondern der Sabbat um des Menschen willen geschaffen. Das entspricht der Weisung eines anderen jüdischen Lehrers aus jenen alten Tagen: Nicht ihr seid dem Sabbat, sondern der Sabbat ist euch übergeben.

An einem anderen Sabbat trifft Jesus in der Synagoge auf einen Mann, der eine vertrocknete Hand hat. Auch die Gegner Jesu lässt Lukas zur Stelle sein. Wie noch eben zuvor fragen sie ihn nicht mehr, um Gründe für sein Handeln zu erfahren. Sie wollen sehen, ob sie etwas finden, um ihn anzuklagen. Doch wie früher schon einmal durchschaut Jesus sie auch jetzt. Er gebietet dem Mann, sich in die Mitte zu stellen und dreht den Spieß um, indem er sie fragt: Darf man am Sabbat Gutes tun oder Böses, ein Leben retten oder zerstören? Wie könnten sie darauf antworten? So blickt Jesus sie an, und als der Mann auf sein Wort hin seine Hand ausstreckt, ist sie geheilt. Die anderen aber sind schlechte Verlierer und überlegen, was sie Jesus antun könnten.

Dabei hätten sie einen Ausweg gehabt. Denn schon seit Langem gab es im Judentum die Regel: Lebensrettung verdrängt den Sabbat. Dann, wenn ein Leben in Gefahr ist, darf man jede Arbeit verrichten, um es zu retten. Aber vielleicht haben die Gegner gedacht: Gutes tun ist nicht gleich Leben retten. Warum musste es ausgerechnet an einem Sabbat sein?

Die große Rede

(6,12–19)

Erneut zieht sich Jesus zu seiner Kraftquelle, auf den Berg, zurück. Es scheint, als wollte er dem Himmel näher sein, wenn er die Nacht über um Weisung und Stärkung bittet. Denn eine nächste Entscheidung steht an. Als er zurückkehrt, ruft er alle, die ihm gefolgt sind, zusammen und wählt zwölf von ihnen aus. Er macht sie zu Aposteln, zu Boten dessen, was er zu sagen hat, und setzt damit fort, was er bereits begonnen hat: Nicht ohne die anderen! So ist Simon dabei, dem er den Namen Petrus, Fels, gibt, und nun auch dessen Bruder Andreas, sodann Jakobus und Johannes. Es kommen noch weitere acht hinzu, bis hin zu Judas Ischariot, der ihn später verrät.

Mit ihnen zieht Jesus den Berg hinab und stellt sich auf eine weite Ebene. Er sammelt um sich eine große Menge seiner Jünger und zahlreiche Menschen aus ganz Judäa und Jerusalem und weit darüber hinaus, aus Tyros und Sidon, nördlich des Landes Israel. Sie alle sind gekommen, um ihn zu hören und von ihm geheilt zu werden. Diejenigen, die von schlimmen Geistern geplagt wurden, werden geheilt. Alles Volk sucht ihn anzufassen, denn eine besondere Kraft geht von ihm aus, sodass er alle heilt.

Das habt ihr jetzt sicher schon gemerkt: Lukas gibt erneut eine seiner Zusammenfassungen des Wirkens Jesu. Er packt in sie an Aussagen hinein, was nur geht, um zu zeigen: So war es mit Jesus von Nazaret. Mit alldem bereitet der Evangelist eine nächste große Szene vor.

Vielleicht haben euch seine verallgemeinernden, umfassenden Aussagen an jene Geschichte erinnert, die ich ein wenig im Jargon als großes Kino bezeichnet habe: Als ganz Israel in Kapernaum versammelt schien, um Zeuge zu sein seines Handelns mit Wort und Tat. Ähnlich ist es auch hier. Jesus richtet seine Augen auf seine Jünger und hebt mit jener großen Rede an, die im Matthäusevangelium unter dem Namen »Bergpredigt« überliefert ist und die zu den großen Texten der Menschheit gehört. Bei Matthäus hält Jesus seine Rede vielleicht deshalb auf einem Berg, weil der Evangelist an Mose erinnern will, der auf dem Berg die Gebotstafeln Gottes erhält. Denn voll von Geboten ist auch die Lehre Jesu auf dem Berg.

Wohl euch und wehe euch!

(6,20–26)

Wenn ich mehr Mut hätte, würde ich jetzt vielleicht sagen: Glücklich seid ihr – und würde dann all die aufzählen, von denen Jesus den traditionellen Worten nach sagt: Selig seid ihr … Denn was heißt schon selig? Früher war es klar: Selig ist, wer Anteil an der kommenden Welt Gottes hat, wer in den Himmel und dort im Glanz der Gegenwart Gottes zur Ruhe kommt – also ein bisschen so, wie es ist, wenn man seine erste große Liebe erlebt, auf Wolke sieben schwebt und sich dann vielleicht selig fühlt. Und doch geht es in der Rede Jesu etwas anders zu, ernster. Wenn wir nicht behutsam sind bei unserem Versuch, das Wort selig anders zu übersetzen, kann es leicht hässlich klingen, wie das erste Wort Jesu zeigt: Glücklich sind die Armen, denn ihnen gehört das Reich Gottes. Wie klingt das, wenn es ein Reicher sagt? Ja, früher haben sich die Armen damit trösten lassen, die Reichen waren's zufrieden und die meisten Armen dennoch nicht glücklich. Anders klingt das Wort, wenn es ein Armer zu Armen sagt. Wenn es stillschweigend gegen die gerichtet ist, die in ihrer unersättlichen Gier sinnlos Reichtümer horten, sodass das Wort den Sinn gewinnt: Hoffnung habt ihr Armen, denn euch gehört das Reich Gottes, doch keine Hoffnung haben die, die euch arm und elend machen durch ihre Gier. Dann nimmt dieses Wort jenes Lobwort Marias aus dem »Magnificat« auf, in dem sie von dem Gott Israels bekennt: Die Hungrigen füllt er mit Gütern und lässt die Reichen leer ausgehen. Jesus führt die Reihe der Armen und Hungernden fort, indem er sich noch anderen zuwendet und ihnen Mut zuspricht: den Trauernden, denn sie sollen lachen, und denen, die von anderen angefeindet werden, weil sie sich zu ihm als Menschensohn halten. Aber das, was ihn bei Lukas am meisten bewegt, ist seine Sorge um die Armen. Und so fährt er fort, indem er die Reichen und die Satten und die angreift, die gut lachen haben, und ihnen entgegenhält: Wehe euch – keine Zukunft! Ja, mehr noch: statt Reichtum Hunger, statt Lachen Trauer. Und wehe euch, wenn euch die Menschen nach dem Munde reden!

Worte aus einer anderen Welt

(6,27–49)

Schneidende Worte gegen die Reichen und Satten, die auf Kosten der Armen leben, und dann plötzlich, wie aus heiterem Himmel, dieses Wort aus dem Munde Jesu: Liebt eure Feinde, tut denen Gutes, die euch hassen, segnet die, die euch verfluchen, betet für die, die euch beleidigen! Und Frieden auf Erden, könnte man mit dem Engelruf aus der Weihnachtsgeschichte darüberschreiben. Denn mit alldem, wozu Jesus hier auffordert, wird, wenn es getan wird, Frieden in eine zerstrittene und feindliche Welt gebracht. Es ist eine Gegenbewegung zu allem, wozu wir spontan neigen: Gleiches mit Gleichem zu vergelten, statt dem Bösen zu widerstehen.

Bereits in der jüdischen Bibel zeichnet sich das Liebesgebot Jesu als ein Gebot des Gottes Israels ab: Wenn deinen Feind hungert, gib ihm zu essen, wenn er Durst hat, gib ihm zu trinken. Nicht um ein schönes oder vielleicht auch um ein erzwungenes schönes Gefühl geht es bei der Feindesliebe. Vielmehr ist sie ein Handeln dem Feind zugute, ganz gleich, ob das Gefühl hinterherhinkt. Wo so gehandelt wird, wie es die Bibel Israels und Jesus sagen, leben wir in einer verwandelten Welt, wie sie im Sinne des Schöpfers gemeint ist.

Es ist nicht ganz leicht. Wie um zu zeigen, dass es dennoch möglich ist, fügt Jesus Beispiele aus dem täglichen Leben an: Wer dir einen Schlag auf die rechte Wange gibt, dem halte auch die andere hin, und wer dir den Mantel nimmt, den hindere nicht daran, dir auch die Jacke darunter zu nehmen. Gib dem, der dich bittet, und fordere es nicht zurück.

Nur schöne Worte? Ja, schöne Worte. Und doch ist auch dies ein Wink in Richtung Frieden, hier durch Wehrlosigkeit, so wie es in der Tierwelt ist, wo ein Kampf dann endet, wenn einer von beiden aufgibt. Es kann wohl sein, dass Jesus aus einem bestimmten Grund so hat lehren können. Wie auch Johannes der Täufer war er selbst ein Single und hat für keine Familie Verantwortung getragen. Denn wenn Menschen mit Familie so handeln, sie verlassen und ins Unglück stürzen, wie sollte das ein Schritt auf dem Weg zum Frieden sein?

Es gibt im Deutschen ein Sprichwort: Was du nicht willst, das man dir tu, das füg auch keinem Andern zu. So einfach kann das sein, was gut für uns ist und was dem entspricht, was der Schöpfer von uns will. So fasst auch Jesus all das zusammen, was er zuletzt geboten hat, und prägt noch einmal ein: Füg es auch dem Feind nicht zu, denn erst dort, wo wir diese Grenze überschreiten und auch dem Feind Gutes tun, beginnt das, was ein Leben nach dem Willen des Schöpfers ausmacht, der genau so handelt: Gütig auch gegenüber Undankbaren und Bösen, barmherzig und auch darin ein Vorbild für die Seinen.

Und auch dies gehört für Jesus zu einem Leben nach dem Vorbild Gottes: ein schönes Stück Selbstkritik. Heraus mit dem Balken aus dem eigenen Auge und dann erst die Suche nach dem Splitter im Auge des anderen. Denn ein jeder wird beurteilt nach dem, was er selber tut, und nicht nach den Fehlern des anderen. Es hilft nicht, Herr, Herr! zu sagen und ein schönes Bekenntnis zu ihm abzulegen, sondern zu tun, was er gebietet. Der ist wie ein stabiles Haus, das auf festem Grund steht und Wind und Wetter standhält.

Von Kapernaum nach Nain

(7,1–28)

Jesus ist zurück in Kapernaum. Dort liegt der Knecht eines römischen Hauptmanns krank danieder. Der Offizier bittet Jesus durch die Leiter der Gemeinde, zu kommen und den Mann gesund zu machen. Die setzen sich für den Fremden ein: Er mag unser Volk und hat uns die Synagoge gestiftet. Jesus geht mit ihnen und nähert sich dem Haus. Da lässt der Hauptmann ihm durch Freunde sagen: Bemühe dich nicht! Ich bin's nicht wert, dass du selbst kommst. Darum habe ich dich auch nicht selbst aufgesucht. Sondern sag nur ein Wort, und mein Knecht ist gesund. Ich weiß ja, wie es geht. Auch wenn ich etwas befehle, dann wird es getan. Als Jesus hört, welches Vertrauen der fremde Offizier ihm entgegenbringt, spricht er verwundert zu den Leuten um ihn herum: Ich sage euch, solchen Glauben habe ich in Israel nicht gefunden! Und zur selben Stunde wird sein Knecht gesund.

Auf dem Weg nach Nain trifft er mit seinen Jüngern und einem großen Gefolge am Stadttor einen Trauerzug. Eine Witwe hat ihren einzigen Sohn verloren. Als Jesus sie sieht, ergreift ihn Mitleid. Er geht und ruft den Jüngling ins Leben zurück. Ein gewaltiges Echo erklingt: Ein großer Prophet ist unter uns, und Gott hat sich seinem Volk gnädig zugewandt. Überallhin verbreitet sich die Kunde, und die Leserinnen und Leser, die das Evangelium nach Lukas schon einmal ganz gelesen haben, ahnen, dass hier jemand ein Zeichen gibt, wie es am Ende mit Jesus selbst sein wird, ein Zeichen gegen den Tod und für das Leben.

Auch Johannes der Täufer hört von alldem, was Jesus getan hat. Er schickt zwei seiner Jünger und lässt ihn fragen: Bist du, der da kommen soll, oder sollen wir auf einen anderen warten? Als sie kommen, heilt Jesus viele Kranke, treibt böse Geister aus und gibt Blinden das Augenlicht wieder. Er weist für die Antwort an Johannes auf das, was er tut: Blinde sehen, Lahme gehen, Aussätzige werden gesund, Taube hören, Tote stehen wieder auf, und Armen wird das Evangelium verkündigt. Es ist alles das, was Jesus einst bei seinem Auftritt in Nazaret mit den Worten des Propheten Jesaja von sich gesagt hat. Nun, nach seinem Wunder in Nain, kommt der Rückruf von Toten ins Leben hinzu. Es sind die Taten des Messias, die Jesus aufzählt. Wohl dem, so schließt er, der sich nicht an ihm ärgert!

Dann spricht Jesus zur Menge über Johannes den Täufer und tadelt die, die einst zu ihm in die Wüste hinausgegangen sind. Was wollten sie sehen? Einen Wankelmütigen, einen Weichling? Doch wie es sein Vater Zacharias angekündigt hat, ist er der, der nach dem Prophetenwort in der Bibel Israels ein Wegbereiter für den Gott Israels sein soll. So ist er der Größte unter allen Menschen. Und doch, der Kleinste im Reich Gottes ist größer als er. So errichtet Jesus eine Trennwand zwischen sich und Johannes. Der Täufer gehört einer anderen Zeit an als der Nazarener, der Künder des Gottesreiches.

Spielverderber

(7,29–50)

Dennoch gehören beide, Johannes und Jesus, auch wieder zusammen. Jesus macht dies mit einem Vergleich klar. Die Leute sind für sie beide wie Spielverderber. Man kann es ihnen nie recht machen, so klagt er. Sie sind wie Kinder auf dem Marktplatz, die rufen: Wir haben auf der Flöte gespielt, doch ihr habt nicht getanzt. Wir haben getrauert, doch ihr habt nicht geweint. Johannes der Täufer ist gekommen, isst kein Brot, trinkt keinen Wein und ihr sagt: Er hat einen Dämon. Der Menschensohn ist gekommen, isst und trinkt, und ihr sagt: Seht, ein Fresser und Säufer, ein Freund schlimmer Leute.

Ja, so sind Spielverderber, und mit einer Geschichte zeigt Lukas, was das heißen kann. Als einer der Frommen Jesus zum Essen eingeladen hat und eine anrüchige Frau aus jener Stadt es erfährt, eilt sie herbei und erweist ihm einen überschwänglichen Liebesdienst. Sie hat ein kostbares Gefäß mit Salböl dabei, tritt von hinten an ihn heran, weint und fängt an, seine Füße mit ihren Tränen zu netzen und mit ihren Haaren zu trocknen. Sie küsst seine Füße und salbt sie mit dem kostbaren Öl. Welch eine Szene!

Doch Simon, der Mann, der Jesus eingeladen hat, spielt nicht mit. Er murmelt in sich hinein: Wenn er ein Prophet wäre, dann wüsste er, was das für eine ist, die ihn anrührt. Doch Jesus verwickelt ihn mit einem Gleichnis in ein Gespräch. Zwei Schuldnern wird ihre Schuld erlassen, dem einen zehn Mal so viel wie dem anderen. Wer von beiden wird dankbarer sein? Das weiß doch jedes Kind. So hat Simon mit seiner Antwort keine Wahl.

Nachdem er recht geantwortet hat, durchleuchtet Jesus von hier aus das Verhalten Simons und das der Frau. Simon war ein schlechter Gastgeber: Kein Wasser für Jesu staubige Füße, kein Kuss zur Begrüßung, kein Salböl für sein Haupt – sie aber hat all dies getan. Und weil sie so ihre Liebe erwiesen hat, sind ihre vielen Verfehlungen vergeben. Wem aber wenig vergeben wird, der liebt wenig. So verschränkt sich in dieser Geschichte zweierlei: Wer viel liebt, dem wird viel vergeben, und wem viel vergeben wird, der liebt viel.

Unter den anderen Gästen aber geht wie einst bei der Heilung des Gelähmten auf der Liege die Frage um: Wer ist dies, dass er auch Verfehlungen vergibt? Zu der Frau aber spricht Jesus: Dein Glaube hat dir geholfen. Geh hin in Frieden. Welch ein Glanz wird abends in ihrem Hause sein!

Gleichnisse – ein Zugang zum Reich Gottes

(8,1–21)

Niemand weiß, wie es mit Jesus und der Bewegung, die er ausgelöst hat, weitergegangen wäre, hätte es nicht Frauen gegeben, die sich ihm angeschlossen haben. Lukas hat ein Gespür dafür. Nachdem er die Geschichte von der liebevollen anrüchigen Frau erzählt hat, überliefert er die Namen einiger Frauen, die mit Jesus umhergezogen sind. Maria Magdalena ist unter ihnen, einst besessen und von ihm geheilt, und Johanna, die Frau eines Beamten von Herodes II. mit Namen Chuza, eine Susanna und viele andere ohne Namen. Dann kommt erneut eine große Menge zu ihm, viele Leute aus jeder Stadt, und Jesus redet erneut zu ihnen durch ein Gleichnis.

Vielleicht ist es euch auch schon einmal so ergangen. Ihr wollt etwas beschreiben, doch es macht euch Mühe, es genau zu benennen, und so greift ihr zu dem Mittel, das in vielen solchen Fällen hilft. Ihr nehmt eure Zuflucht zu einem Vergleich, mit dem der andere etwas anfangen kann. Jemand keucht wie ein Esel, er hechelt wie ein Hund und schmatzt wie ein Ferkel. Man könnte die Reihe lange fortführen. Auch mit dem Reich Gottes scheint es sich so zu verhalten. Jesus erschließt es durch Vergleiche, durch kurze Vergleichsworte und durch längere, seine Gleichnisse. Aber es ist seltsam. Während sonst auch von ihm Gleichnisse erzählt werden, um anderen etwas klarzumachen, schränkt Jesus diese Funktion hier rätselhaft ein. Er greift die Lebenswelt der Bauern seiner Zeit auf, die ihren Acker bestellen, indem sie die Saat ausstreuen. Nur ein kleiner Teil davon fällt auf guten Boden und bringt reichen Ertrag, der Rest verdirbt auf diese oder jene Weise. Doch was ist damit gemeint?, fragen die Jünger und erfahren: Sie sind es, denen es gegeben ist, die Geheimnisse des Reiches zu erkennen, den Übrigen aber soll es durch die Gleichnisrede verschlossen sein. Damit die Jünger auch wirklich erkennen, wovon die Rede ist, deutet Jesus das Gleichnis vom Sämann für sie. Die Saat, die ausgestreut wird, ist das Wort Gottes. Der Teufel hindert es, zu gedeihen und aufzublühen, oder es scheitert an dem kurzen Atem der Menschen oder daran, dass ihnen das, was das Leben an Ablenkung bietet, wichtiger ist. Die auf dem guten Boden aber sind die, die das Wort Gottes mit einem guten und feinen Herzen hören und bewahren und geduldig Früchte bringen.

Wieder sind viele Leute versammelt, und als seine Mutter und Brüder zu ihm wollen, kommen sie nicht durch. Als man es ihm berichtet, verleugnet er sie. Seine Familie sind die, die das Wort Gottes, von dem er zuvor gesprochen hat, hören und tun. Später sind sie wieder dabei, die Mutter und Brüder, aber bis dahin ist es ein langer Weg.

Wunder über Wunder

(8,22–56)

Jesus will ans andere Ufer des Sees Genezaret. Er steigt mit seinen Jüngern in ein Boot und ist alsbald eingeschlafen. Da erhebt sich ein Sturm, Wellen gehen über das Boot und füllen es mit Wasser. Voller Angst wecken die Jünger Jesus auf und rufen: Meister, Meister, wir gehen unter. Da steht er auf, bedroht Wind und Wellen und bringt sie zur Ruhe. Die Jünger aber fragt er, wo ihr Vertrauen geblieben sei. Verwundert und voller Ehrfurcht sprechen sie, wie es wohl auch die Leserinnen und Leser am Ende dieser Geschichte tun sollen: Wer ist dies, dass ihm Wind und Wellen gehorchen?

Sie ziehen weiter, in das Land der Leute von Gerasa, gegenüber von Galiläa, und erneut muss Jesus seine Kräfte messen. Er begegnet einem Nackten, der von Dämonen besessen ist und außerhalb der Stadt in Höhlen haust, abgesondert von den anderen. Sie suchen ihn mit Fesseln und Ketten ruhigzustellen und vermögen ihn doch nicht zu überwältigen. Als er Jesus sieht, weiß der Dämon im Kranken, dass seine Stunde geschlagen hat. Den Befehl Jesu, auszufahren, sucht er dadurch abzuwehren, dass er herausschreit, wer Jesus ist. Von ihm nach seinem Namen gefragt, antwortet er: Legion, eine Riesenzahl. Als der Dämon ihn bittet, sie nicht zugrunde zu richten, sondern sie in eine Schweineherde in der Nähe fahren zu lassen, gewährt Jesus die Bitte und macht ihnen damit den Garaus. Die Herde stürzt den Abhang zum See hinunter und ersäuft mit der Legion in den Wasserfluten. Wen wundert es, dass die Leute nach diesem unheimlichen Wunder nichts weiter mit ihm zu tun haben wollen?

Ihr denkt vielleicht so wie ich: Vielleicht ist das alles doch ein bisschen zu viel des Wunders, sodass man rufen möchte: Keine Wunder mehr! Auch wenn Lukas die Geschichte vor allem ihres Schlusses wegen erzählt hat: Dass der Geheilte nicht, wie er will, bei Jesus und seinen Jüngern bleiben, sondern überall erzählen soll, wie große Dinge Gott an ihm getan hat.

Noch zwei Geschichten hat Lukas gleich anschließend in seinem Wunderkästchen. Ja, im Grunde sind es nicht zwei, sondern eine einzige, da er beide ineinander-verschachtelt hat. Der Synagogenvorsteher Jairus fällt vor ihm nieder und bittet ihn, seine todkranke einzige Tochter zu retten. Auf dem Weg dahin nähert sich ihm eine an Blutfluss leidende Frau, berührt den Saum seines Gewandes, und auf der Stelle hört das Bluten auf. Jesus aber merkt, dass eine Kraft von ihm ausgegangen ist, und als die Frau sich zu erkennen gibt, entlässt er sie in Frieden – ihr Glaube hat ihr geholfen. Als er noch redet, kommt jemand aus dem Haus des Synagogenvorstehers. Er bittet, den Lehrer nicht weiter zu bemühen, da das Mädchen gestorben sei. Doch Jesus spricht dem Vater Mut zu, und in kleinem Kreis ruft er das Mädchen ins Leben zurück, zur überquellenden Freude ihrer Eltern. Sie sei nicht tot, sondern schlafe, hat er ihnen hinter verschlossener Tür erklärt.

Ein Bote ist wie der, der ihn schickt
(9,1–17)

Das habt ihr vielleicht schon einmal gehört: Wenn der Botschafter eines Staates in dem Land auftritt, in das er entsandt worden ist, dann – so sagt man – repräsentiert er den Staat, den er vertritt. Er wird mit derselben Hochachtung und demselben Schutz empfangen, wie sie seiner Regierung zuteilwerden würde. So war es schon in der Alten Welt, und das Lukasevangelium ist ein schönes Beispiel dafür. Jesus ruft die zwölf Jünger zusammen und gibt ihnen Anteil an seiner Kraft und Macht zur Heilung aller Besessenheiten und anderer Krankheiten. Er sendet sie aus, das Kommen des Reiches Gottes zu verkündigen, die Kranken gesund zu machen und damit genauso zu wirken wie er selbst. So gilt auch in diesem Sinn das, was ein jüdischer Rechtssatz festgehalten hat: Der Gesandte eines Mannes ist wie dieser selbst. Auch wie sie auftreten sollen, legt Jesus fest: ohne Stock und ohne Tasche, ohne Brot und ohne Geld und ohne ein zweites Gewand, ganz und gar angewiesen auf die Hilfe des Himmels – so, wie Jesus selbst umherzieht. Sie sollen sich nirgends festsetzen, und wenn man sie nicht aufnimmt, sollen sie ihres Weges gehen. So ziehen die Jünger durch die Dörfer und verkündigen das Evangelium von der Nähe des

Reiches Gottes, und wohin sie kommen, heilen sie in der Kraft, die Jesus ihnen gegeben hat.

Während sie unterwegs sind, gerät Herodes II. in Unruhe durch das, was er über Jesus hört. Einige meinen, Johannes der Täufer sei von den Toten auferweckt worden, während andere urteilen, dass der biblische Prophet Elia erschienen sei, und wieder andere, dass er einer der anderen alten Propheten sei. Herodes aber bleibt ratlos und spricht: Johannes habe ich enthaupten lassen. Wer aber ist dies? Und er suchte ihn zu sehen.

Als die Apostel zurückkehren, erzählen sie Jesus alles, was sie getan haben. Er aber nimmt sie beiseite und zieht mit ihnen in den Ort Betsaida. Die Menge aber bekommt es mit und folgt ihnen. Er lässt sie gewähren und redet zu ihnen über das Reich Gottes, und wer Heilung sucht, den macht er gesund. Als der Tag zu Ende geht, kommen die Jünger und bitten ihn, die Menge fortzuschicken, damit sie sich in den umliegenden Dörfern mit Nahrung versorgen. Gebt ihr ihnen zu essen, fordert Jesus sie auf. Mit fünf Broten und zwei Fischen für fünftausend Leute? Doch Jesus nimmt das Wenige, blickt gen Himmel, spricht ein Dankgebet und lässt Brote und Fische an die Menge verteilen. Alle werden satt, ja, mehr noch, man sammelt am Ende noch zwölf Körbe mit Resten ein.

Manchmal, wie auf großen Abschlussveranstaltungen bei Kirchentagen, feiern die, die miteinander gelernt und debattiert haben, miteinander das Abendmahl. Und das Brot und der Wein Jesu reichen für viele tausend Menschen.

Wer ist er?

(9,18–36)

Erst will Herodes wissen, wer Jesus sei, und nun, als sich Jesus und seine Jünger miteinander zurückgezogen haben, will Jesus selbst es erfahren und fragt sie, für wen die Menschen ihn hielten. Die Jünger wiederholen das, was im Umkreis des Herodes laut wurde. Doch das genügt Jesus nicht. Was ist mit ihnen, den Jüngern selbst? Für den Gesalbten Gottes, den Messias, antwortet Petrus für alle. Er schlägt damit für die, die der Erzählung des Lukas von Anfang an gefolgt sind, einen Bogen zurück zu jener Nacht, als man vom Himmel her die Zeit ansagte: Euch ist heute der Retter geboren, Christus der Herr. Ja, er ist der Erwartete und Versprochene, und doch ist alles noch einmal anders als erwartet und zugesagt: ein Retter ohne Waffengewalt, ein Menschensohn, der viel leiden und von der Oberschicht entehrt und getötet werden muss und am dritten Tag auferweckt wird.

Das Bekenntnis, dass er der Messias, der Gesalbte Gottes, ist, führt zurück bis an den Anfang des Evangeliums, doch zugleich greift Jesus mit seiner Antwort bis ans Ende seines Weges vor, als geschieht, was er hier den Jüngern enthüllt. Es scheint, als wollte Lukas ebendies Seite um Seite einprägen: Ja, der Weg Jesu verläuft anders, als es zunächst schien; aber so, wie alles geschieht, ist es der Wille des Himmels. Weil sein bevorstehendes Geschick das ist, was ihn ausmacht, darum gilt ein Gleiches für die, die zu ihm gehören. Wer sein Leben bewahren will, der wird es verlieren, und wer es verlieren wird um Jesu willen, der wird es bewahren. Denn der Maßstab für das, was Leben ist, ist nicht das, was vor Augen liegt, sondern anderer Art. Was hülfe es dem Menschen, wenn er die ganze Welt gewönne und nähme doch Schaden an seiner Seele? Die Richtlinie für das, was Leben ist, sind die Worte Jesu. Wer sich seiner und seiner Worte schämt, dessen wird auch er sich schämen, wenn er in seiner Herrlichkeit kommt, wie sie ihm und dem Vater und den heiligen Engeln eigen ist.

Dann geschieht es. Nach acht Tagen gehen Jesus und seine engsten Jünger bergauf, um zu beten. Während er betet, sehen sie, wie sich der Anblick seines Antlitzes ändert und sein Gewand aufleuchtet wie ein Blitz und zwei Männer mit ihm reden, Mose und Elia. Die haben teil an seinem Glanz und sagen sein Ende an, das er in Jerusalem nehmen soll.

Petrus und die mit ihm aber sind schlaftrunken. Als sie aufwachen, sehen sie Jesus in seinem Glanz und die beiden Männer bei ihm. Als sie sich anschicken zu gehen, bittet Petrus Jesus: Es ist schön hier, lass uns drei Hütten bauen, für jeden von euch eine. Doch er weiß nicht, was er sagt. Noch während er redet, umhüllt eine Wolke die Drei und eine Stimme erklingt von dorther wie einst bei der Taufe Jesu durch Johannes: Dies ist mein erwählter Sohn, auf den sollt ihr hören. Als die

Stimme verklungen ist, ist Jesus allein. Die Jünger aber behalten für sich, was sie gesehen haben.

Wenn ich nun sagte: Aber hat Jesus sich nicht geirrt, als er versprach, einige würden nicht sterben, bevor sie ihn und die himmlische Welt in Herrlichkeit erleben würden, dann würde Lukas vielleicht einfach antworten: Aber etwas haben einige doch schon zu ihren Lebzeiten gesehen, als der Glanz auf dem Berg aufleuchtete.

Wer ist der Größte?

(9,37–10,20)

Lukas erzählt gerne von ihm, von Jesus dem Exorzisten. Als sie am nächsten Tag vom Berg herabkommen, bittet einer ihn, sich seinen Sohn anzusehen, der von einem Dämon hin und her gerissen werde. Die Jünger Jesu hätten ihm nicht zu helfen gewusst. Jesus ist genervt – es wird nicht ganz deutlich, warum –, doch er hilft und befreit den Knaben von dem bösen Geist, der ihm noch einmal übel mitspielt, und gibt ihn seinem Vater wieder. Alle Merkmale, die Lukas erwähnt, deuten darauf hin, dass der Kranke unter epileptischen Anfällen gelitten hat. Heute werden sie durch Medikamente verhindert. Zur Zeit Jesu ist es die Macht der Persönlichkeit, die die Krankheit in Schach hält. Es mag den Exorzisten entgegengekommen sein, dass Anfälle dieser Art nach einer Weile von selbst aufhören und der Kranke dann in die Realität zurückkehrt. Aber davon haben wir ja schon gesprochen.

So, als dürften sie es nicht aus den Augen verlieren, prägt Jesus seinen Jüngern noch einmal ein, dass er in die Hände von Menschen ausgeliefert werden wird. Doch sie verstehen es nicht, haben andere Sorgen und sinnen dem Gedanken nach, wer von ihnen der Größte sei. Er merkt es und hält ihnen ein Kind vor: Wer es aufnimmt in seinem Namen, nimmt ihn auf, und wer ihn aufnimmt, nimmt den auf, der ihn gesandt hat. Und wer der Kleinste unter allen ist, der ist groß. Das reicht, wie es scheint. Man muss nicht unbedingt der Größte sein. Ebenso kann man damit leben, dass es Konkurrenten gibt. Da ist jemand, der im Namen Jesu Dämonen austreibt, ohne zu den Jüngern Jesu zu gehören? Kein Problem. Denn wer nicht gegen euch ist, der ist für euch.

Dann ist es so weit. Lukas greift noch einmal vor bis an das Ende seines Evangeliums. Er erzählt vom Beginn des letzten Teils im Wirken Jesu. Als sich die Zeit seiner Hinaufnahme in die Welt Gottes nähert, fasst er entschlossen Jerusalem ins Auge. Er wandert mit den Jüngern durch Samarien Richtung Süden. Doch es herrscht Feindschaft zwischen Juden und Samaritern, und als sie merken, dass sein Ziel Jerusalem ist, verweigern sie den Jüngern eine Unterkunft. Die wollen sie mit Feuer vom Himmel bestrafen. Doch Jesus lehnt es ab. So ziehen sie in ein anderes Dorf, und Jesus nutzt die Gelegenheit, ihnen klarzumachen, worauf sich einlässt, wer ihm nachfolgt. Kein Dach über dem Kopf, keine Trauer um Verstorbene, kein Abschied von Zuhause, kein Blick zurück, sondern nach vorn, hin zum erwarteten Reich Gottes.

Was wäre geworden, hätten sich die Jünger vor solcher Heimatlosigkeit gescheut? So aber wählt Jesus zweiundsiebzig von ihnen aus, schickt sie zu zweit vor sich her in alle Städte und Orte, in die er gehen will, und gibt ihnen wie schon früher einmal Weisungen für ihr Verhalten. Doch nun wird der Ton schärfer. Der Stadt, die seine Jünger ablehnt, soll es schlimmer ergehen als dem durch Feuer und Schwefel zerstörten Sodom der Bibel. Chorazin, Betsaida, Kapernaum droht Jesus solches Geschick an, den Orten aus seinem Wirkungsfeld am nördlichen Rand des Sees Genezaret. Ihr Nein ist nicht nur gegen die Jünger und durch die Jünger gegen ihn gerichtet, sondern gegen Gott selbst.

Ihr mögt vielleicht erschrecken und denken: Was ist hier nur von dem friedlichen Jesus geblieben? Und doch erklingt dieser Ton von Anfang an, als er zu Johannes an den Jordan kommt und der Täufer auf ihn weist und ihn als den ankündigt, der mit unauslöschlichem Feuer Gericht halten werde.

Als die zweiundsiebzig Jünger zurückkehren, jubeln sie über ihren Erfolg. Sie haben es geschafft, im Namen Jesu Dämonen auszutreiben, und Jesus bestätigt es: Er sah den Satan, den Herrn der Dämonen, wie einen Blitz aus dem Himmel stürzen. Aber nicht über das, was ihnen an Kraft und Macht gegeben ist, sollen sie sich freuen, sondern darüber, dass ihre Namen im Himmel aufgeschrieben sind.

Zuwendung

(10,21–42)

Doch auch Jesus hat Grund zum Jubeln. Er preist den Schöpfer des Himmels und der Erde, dass er »dies« den Klugen verborgen und den Unmündigen offenbart hat. Alles ist ihm von Gott, seinem Vater, übergeben, und niemand weiß, wer der Sohn ist, außer dem Vater, und wer der Vater ist, außer dem Sohn und wem der es kundtun will. So zieht Jesus einen engen Kreis um die, die Zugang zum Geheimnis von Vater und Sohn haben, und preist die Jünger glücklich, weil sie sehen, was viele Propheten und Könige sehen wollten und konnten es doch nicht.

Doch worin besteht das Geheimnis von Vater und Sohn? Es scheint, als wolle Jesus sagen, dass er es ist, der den Zugang zu Gott dem Vater bildet und damit auch den Zugang zum Reich Gottes. Doch ebenso scheint es, als würde er gleich anschließend diese enge Pforte einen Spalt weit öffnen, als ihn ein Bibelgelehrter mit der Frage auf die Probe stellt: Was muss ich tun, um das ewige Leben zu erhalten?

Jesus verweist ihn auf die Quelle, aus der sie beide trinken: Was steht im Gesetz geschrieben, was liest du da? Und der Bibelgelehrte zitiert zwei Worte aus dem Gesetz, der Tora, des Mose: Du sollst den Herrn, deinen

Gott lieben von ganzem Herzen, von ganzer Seele und mit aller deiner Kraft und mit all deinem Denken und deinen Nächsten wie dich selbst. Und Jesus sagt zu ihm: So ist es. Tue das, und du wirst leben.

Dem anderen aber ist unwohl, weil er das doch hätte wissen müssen, und so will er sich rechtfertigen und fragt zurück: Und wer ist mein Nächster? Dank dem Mann, dass er zurückgefragt hat, denn damit hat er aus Jesus eine Geschichte hervorgelockt, die zu den schönsten weltweit gehört. Ein Mann ging hinab von Jerusalem nach Jericho im Jordantal und fiel auf dem einsamen Weg dorthin unter die Räuber. Die beraubten ihn seiner Kleider, schlugen ihn und ließen nackt und halbtot liegen. Ein Priester ging jenen Weg hinab, sah ihn und ging vorbei. Ebenso verhielt sich ein anderer, auch er aus Priesterkreisen, ein Levit. Ein Samariter, ein Fremder aus dem Nachbarland Samarien, war desgleichen auf diesem Weg unterwegs. Als er ihm sah, ergriff ihn Erbarmen, und er kam und reinigte seine Wunden mit Wein und salbte sie mit Öl und verband sie. Dann lud er ihn auf sein Reittier, brachte ihn in eine Herberge und versorgte ihn. Am folgenden Morgen aber zahlte er dem Wirt zwei Tage im Voraus und sprach: Kümmere dich um ihn, und wenn du mehr brauchst, werde ich es dir bezahlen, wenn ich wiederkomme.

Wer von diesen Dreien, schließt Jesus das Beispiel, scheint dir der Nächste geworden zu sein für den, der unter die Räuber gefallen ist? Der Fragesteller antwortet: Der ihm Barmherzigkeit erwies. Und Jesus fährt fort:

Gehe hin und handle ebenso. Ganz leicht hat er die Frage des anderen verschoben. Der wollte wissen, wer sein Nächster sei, und hören, wem er seine Zuwendung schulde. Und darauf erhält er auch eine Antwort: Wer in Not ist und über alle Grenzen hinweg der Hilfe bedarf. Aber der Nächste ist nicht mehr der andere, der meiner Hilfe bedarf, sondern ich selber, dessen Hilfe er braucht. So einfach kann Religion sein.

Im nächsten Ort leben die beiden Schwestern Maria und Martha. Was Wunder, dass bei einem solchen Erzähler Maria sich zu Jesu Füßen niederlässt und ihm gerne zuhört. Von Martha angegriffen, weil er sie gewähren lässt, während sie alle Arbeit allein macht, verteidigt er die Schwester ohne viel Verständnis für die Mühen des Haushalts. Wenn ein solcher Gast kommt, dann klappert man nicht mit dem Geschirr. Aber Martha hat es doch nur gut gemeint, mögt ihr denken. Ja, das ist das Problem. Wie schön, wenn ihr sie ein bisschen verteidigt.

Wie soll man beten?

(11,1–28)

Wie soll man beten? Kurz und knapp, antwortet Jesus, als die Jünger ihn bitten, sie beten zu lehren, wie es der Täufer mit seinen Jüngern getan habe. Und er sagt ihnen das Vaterunser, bei Lukas in einer etwas kürzeren Form als bei Matthäus: Vater, geheiligt werde dein Name, dein Reich komme, gib uns unser tägliches Brot, und vergib uns unsere Verfehlungen, wie auch wir es tun bei jedem, der uns etwas schuldet, und führe uns nicht in Versuchung. Kurz und bündig und doch ist alles darin enthalten, die Bitte, dass Gott sich durchsetze, dass der Mensch heil bleibe an Leib und Seele durch das tägliche Brot vom Bäcker, durch die Hinwegnahme von Schuld, eigener und fremder, und durch die Bewahrung davor, sich zu verfehlen.

Jesus ergänzt in seiner Lehre: Wenn jemand zu einer unmöglichen Zeit von seinem Nachbarn etwas leihen will, dann wird der es ihm am Ende geben, um seine Ruhe zu haben. Und wenn ein Kind seinen Vater um einen Fisch oder ein Ei bittet, dann wird er ihm keine Schlange oder einen Skorpion geben. Wenn ihr Menschen, die ihr böse seid, gute Gaben zu geben wisst, um wie viel mehr wird der himmlische Vater dann denen seine Kraft geben, die ihn darum bitten.

Wem aber kann Jesus selbst es recht machen? Als er einen Dämon austreibt und der Stumme wieder reden kann, geht ein Raunen durch die Menge. Die einen rufen: Er ist vom Teufel besessen und treibt in seinem Namen die Dämonen aus! Andere wollen einen Beweis vom Himmel her, dass er im Auftrag Gottes handelt. Doch er widerlegt sie alle. Der Teufel macht sich doch nicht selbst den Garaus, indem er die Seinen vertreibt. Und wenn ich in seinem Namen die Dämonen austreibe, wie ist es dann bei euren Söhnen? Auch sie? Sie werden euch was erzählen! Was aber den Beweis meiner Herkunft angeht: Wenn ich in der Kraft Gottes die Dämonen austreibe, dann ist das Reich Gottes bereits zu euch gekommen!

Wenn man nicht auf der Hut ist, dann spricht der ausgetriebene böse Geist, wenn er nirgends Unterschlupf findet: Wie war es vorher doch so schön, und er kehrt zurück und findet alles gescheuert und geputzt, und holt noch weitere sieben Geister, böser als er selbst, und sie lassen sich dort nieder, und alles ist schlimmer als zuvor. Eine Frau aus dem Volk aber, die ihn so reden hört, ruft: Glücklich deine Mutter, die dich geboren hat! Er aber antwortet: Nein, glücklich die, die hören und bewahren, was Gott von ihnen will.

Gegnerschaft
(11,29–53)

Die Zeichen, die diese böse Generation sucht, sind längst gegeben, und mehr gibt es nicht. Seht in eure Bibel! Die Leute von Ninive haben in ihrer Zeit begriffen, was die Stunde geschlagen hat und sind auf den Ruf des Jona hin umgekehrt. Und ebenso ist die Königin von Saba vom Ende der Erde gekommen, um von der Weisheit des Königs Salomo zu lernen. Hier, in der Stunde des Menschensohnes, ist mehr als Salomo und mehr als Jona, und die Königin aus dem Süden und die Leute von Ninive werden im Gericht auftreten gegen diese Generation.

Gemessen an diesen herben Gerichtsworten ist es anscheinend kein liebenswürdiger Tag im Leben des Nazareners. Das gilt auch für das, was folgt. Einer lädt ihn zum Essen ein und wundert sich, dass Jesus sich vor dem Essen nicht die Hände wäscht, wie es Brauch ist, und dass er, das muss man wohl so sagen, mit unreinen Fingern isst. Dabei ist es gleich, ob es um ein symbolisches Waschen geht wie bei jemandem, der eine katholische Kirche betritt und die Finger in das Weihwasser taucht, oder ob eine echte Reinigung gemeint ist. So oder so ist er bei Jesus an den Richtigen geraten. Es scheint, als sei er bei dieser Gelegenheit auf den Ton gestimmt: Euch

Frommen geht es allein um Äußerlichkeiten, innen aber ist alles voll Raub und Bosheit.

Als einer der anwesenden Lehrer einwirft: Damit schmähst du auch uns, die wir auch nach diesen Regeln leben, bekommen auch sie ihr Fett weg: Sie halten sich selber nicht an das, was sie lehren, bauen Gedenkstätten für die Propheten, die von ihren Vätern getötet worden sind, und zollen ihren Mordtaten damit Beifall. So wird man auch einige der Propheten und Apostel der jetzigen Zeit töten, und für all dieses vergossene Blut wird von denen, die jetzt leben, Rechenschaft gefordert werden. Deshalb wehe euch, ihr Bibelgelehrten, ihr habt die Schlüssel der Erkenntnis, aber ihr benutzt sie nicht, ja, mehr noch, ihr hindert die daran, die sie benutzen wollen.

Ob Lukas diese Gerichtsrede, ja, man möchte fast sagen: dieses Gerichtsurteil über Fromme und Bibel-gelehrte so überliefert hätte, wenn er gewusst hätte, was es durch viele Jahrhunderte hin bewirken würde? In der Sprache jener Zeit sind die Frommen die Pharisäer, die Jesus hier als selbstgerechte Heuchler angreift. Natürlich hat es unter ihnen Heuchler gegeben, wie es sie auch unter Christen bis heute gibt. Aber »die« und »alle«? Das Judentum selber kennt fragwürdige Pharisäer, aber genauso edle Gestalten. Kann man es den Frommen und Bibelgelehrten deshalb verdenken, dass sie Jesus nach dieser Rede bedrängen und bei einem falschen Wort zu ertappen suchen?

Sorgen und Vertrauen
(12,1–57)

Strafen Jesus und sein Erzähler Lukas mit dem, was nun kommt, den Nazarener Lügen? Frieden, Frieden, war bisher ihr Leitwort, und auch wenn es zwischendurch Konflikte, ja, Kampf gab mit den Dämonen, so doch kein Wort wie jetzt, in der Mitte des Evangeliums, am Ende des zwölften Kapitels: Meint ihr, dass ich gekommen bin, Frieden zu bringen auf Erden? Ich sage euch: Nein, sondern Zwietracht!

Kein Frieden auf Erden, sondern Streit? So ist dieses Kapitel, in dem sich ein Spruch an den anderen reiht, so richtig etwas zum Studieren und Probieren. In einer Zeit, in der wir Menschen, gerade auch die, die etwas von Religion halten, auf unsere Identität bedacht sind, auf das, was uns in besonderer Weise ausmacht, kommt dieses Kapitel wie gerufen. Ob es etwas zu unserer Identität beiträgt, das hängt am Ende an uns. Zu dem, was Jesus und seine Gemeinden in den Anfängen ausgemacht hat, gehört es auf jeden Fall, selbst wenn auch sie ihre Grenzen hatten. Denn wenn sich seine Gemeinden nicht den Worten Jesu gestellt, wenn sie sie nicht überliefert hätten und ihnen mit allen ihren Kräften nachgefolgt wären, dann wären seine und ihre Konturen bald verwischt worden und ihre Bewegung wäre im Nebel der

Geschichte verschwunden. In dieser Geschichte haben, vom Schöpfer der Welt und seinem Mittler abgesehen, immer jene Menschen die Kirche durch die Zeiten hin gerettet, die nicht auf Gewalt setzten, sondern denen der Sache nach vor allem dieses Kapitel am Herzen lag.

Es ist eine angespannte Existenz, in die der Nazarener seine Jünger und Jüngerinnen im Angesicht der Tausenden, die sich nach Lukas versammelt haben, führen will. Alles Verborgene wird offenbar. Fürchtet nicht die, die euch an Leib und Leben gehen, sondern den, der euch in die Hölle werfen kann. Wer mich verleugnet oder sich zu mir bekennt, den wird man auch in der himmlischen Welt verleugnen oder sich zu ihm bekennen. Keine Sorge in Zeiten der Verfolgung, in denen Gottes Kraft euch helfen wird. Keine Sorge um Essen, Trinken und Kleidung. Wenn Gott schon die Lilien auf dem Felde kleidet und die Raben unter dem Himmel ernährt, um wie viel mehr euch, ihr Kleingläubigen. Trachtet zuerst nach dem Reich Gottes, dann wird euch alles Übrige zufallen. Hütet euch vor aller Habgier. Leben ist mehr als Hab und Gut. Verkauft alles, was ihr habt, und gebt es den Armen. Seid auf der Hut in der Erwartung des Herrn. Er kommt plötzlich. Die Schätze dieser Welt sind trügerisch.

Und wie um dies durch seine hohe Kunst, Gleichnisse zu erzählen, unvergesslich einzuprägen, erzählt Jesus ihnen die Geschichte vom reichen Kornbauern. Dessen Scheunen fließen von Getreide über. Er beschließt deshalb, sie abzureißen und größere zu bauen, um dann zu sagen: Nun, mein Lieber, hast du einen Vorrat für viele Jahre. Iss und trink und freu dich des Lebens. Doch Gott macht seinem Treiben ein Ende: Du Narr, noch heute Nacht wird man dein Leben von dir fordern. Und wem wird dann all das gehören?

Das große Thema Umkehr
(13,1–21)

Wie sehr ihnen beiden, Jesus und Lukas, an diesem Thema der Umkehr, der Veränderung unseres Lebens, liegt, zeigt gleich der Fortgang des Evangeliums. Als einige Jesus von Landsleuten in Galiläa berichten, unter denen Pilatus im Tempel ein Blutbad angerichtet hat, macht er ihnen einen Strich durch ihre Rechnung: Unglück gleich Strafe. Und ebenso bei den achtzehn Leuten, die durch einen einstürzenden Turm in Jerusalem getötet wurden. Er dreht den Spieß um und macht eine andere Rechnung auf. Jene waren nicht Frevler im Unterschied zu allen anderen in Galiläa und Jerusalem; sondern wenn ihr nicht umkehrt, werdet ihr alle genauso umkommen. Kein lieber Jesus, auch nicht in dem gleich folgenden Gleichnis. Der Besitzer eines Weinbergs hat einen Feigenbaum, der nach drei Jahren keine Frucht trägt und den er deshalb abzuhauen und zu verbrennen befiehlt. Der Weingärtner aber erbittet von ihm eine Schonfrist von einem Jahr für eine intensive Pflege. Wenn sie nichts bringt, dann soll der Besitzer ihn abhauen.

Deutet Jesus mit diesem Gleichnis sein eigenes Wirken? Kein lieber Jesus, aber jemand, der noch eine Chance gibt, die große Chance der Umkehr? Schon bald haben er und Lukas noch mehr dazu zu sagen als diese düsteren Ankündigungen, die auf den zweiten Blick eine helle Seite haben. Denn welch ein schöner Tag ist es, wenn ihr etwas falsch gemacht habt und geht hin und entschuldigt euch!

Ein solcher Tag ist es auch für die verkrümmte Frau, auf die Jesus trifft, als er an einem Sabbat in der Synagoge lehrt. Er spricht sie von ihrer Krankheit los und legt ihr die Hände auf. Auf der Stelle richtet sie sich auf und dankt Gott für ihre Genesung. Einem aber gefällt es nicht. Den Synagogenvorsteher ärgert es, dass Jesus am Sabbat heilt, und so weist er die Leute an: An sechs Tagen könnt ihr kommen und euch heilen lassen, aber nicht am Sabbat. Für Jesus aber ist das ein Spiel mit falschen Karten, und so wendet er sich an ihn und alle, die ähnlich denken: Sie selber führen Ochs und Esel am Sabbat zur Tränke, und diese Frau, die achtzehn Jahre in den Klauen ihrer Krankheit war, sollte nicht am Sabbat von ihr befreit werden? Alle, die gegen ihn waren, werden beschämt, das Volk aber freut sich über all das Wunderbare, das durch ihn geschieht.

Das, was Jesus heilend tut, sind erste Zeichen des kommenden Gottesreiches. So fügt er zwei Gleichnisse an, die zeigen, was es mit dem Reich Gottes auf sich hat. Es ist wie ein Senfkorn, das jemand in den Boden legt und das wächst und zu einem Baum wird, in dessen Zweigen die Vögel unter dem Himmel nisten. Oder wie Sauerteig, den eine Frau in ihr Mehl knetet, bis es ganz durchsäuert ist.

Jerusalem im Blick

(13,22–35)

Jesus durchzieht Städte und Dörfer und setzt jenen Weg fort, der begann, als er in Richtung Jerusalem aufbrach. Auf seinem Weg dahin lehrt er, und so hat Lukas in dieser Reise sehr viel von der Lehre untergebracht, die ihm über Jesus überliefert worden ist. Zuletzt waren es die Gleichnisse über das Reich Gottes, jetzt ist es die Frage, ob es nur wenige sind, die in dieses Reich hinein gerettet werden. Noch einmal gibt es eine harsche Antwort Jesu. Ein Einzelner hat ihn gefragt, und die Antwort ist erneut an eine unbestimmte Menge gerichtet. Abraham, Isaak und Jakob wird man im Reich Gottes sehen, ja, Leute aus allen Himmelsrichtungen werden dort zu Tisch sitzen, jene unbestimmte Menge aber wird davon ausgeschlossen sein. Es scheint – und alsbald weist Lukas in diese Richtung –, als würden hier die Großen Israels und die Völker der Welt gegen Israel gesetzt, weil es Jesus nicht als Messias angenommen hat.

So ist es ein schönes Gegengewicht, dass Lukas gleich darauf Gutes von einer Gruppe zu berichten weiß, die er sonst den anderen, den vom Reich Gottes Ausgeschlossenen, zuzurechnen scheint. Einige Fromme kommen zu ihm und warnen ihn, Herodes wolle ihn töten. Er aber bittet sie, ihm so zu antworten, als hätte nicht sein

Landesherr, sondern er selber sein Schicksal in seiner Hand. Jetzt sei die Zeit, zu heilen und zu wandern, erst danach, am dritten Tag, werde er in Jerusalem vollendet, da es nicht angehe, dass ein Prophet außerhalb Jerusalems umkomme.

Dann folgt eine der zwei Stellen, an denen Jesus im Lukasevangelium Jerusalem anredet. Beide Stellen legen sich wie eine Klammer um die letzten Kapitel vor der Passion Jesu in der Stadt. Jerusalem, Jerusalem, so lautet Jesu Klage und Anklage, du tötest die Propheten und steinigst die, die zu dir gesandt sind. Wie oft habe ich deine Kinder sammeln wollen wie eine Henne ihre Küken, doch ihr habt nicht gewollt. Siehe, euer Haus wird im Stich gelassen werden. Ihr werdet mich nicht mehr sehen, bis ihr sagt: Gelobt sei, der da kommt im Namen des Herrn! So scheint es, als würde hier die Zerstörung des Tempels, der mit dem Haus gemeint ist, als Strafe für die Ablehnung Jesu gedeutet.

Doch wann waren die zahlreichen Male, da Jesus die Jerusalemer hat schützend sammeln wollen? Im wörtlichen Sinne war er zuletzt mit zwölf Jahren in der Stadt. Aber vielleicht sind auch die Jerusalemer gemeint, die zum Publikum Jesu während seines Wirkens in Galiläa gehörten. Oder Jerusalem steht hier für Israel. Oder aber es wird aus der Perspektive einer späteren Zeit auf das zurückgeblickt, was die Jerusalemer Gemeinde Jesu an Anfeindungen erlitten hat wie die Steinigung des Stephanus.

Rätselhaft ist auch die Ankündigung Jesu, die Jerusalemer würden ihn – vermutlich, nachdem er sich so oft um sie bemüht habe – nicht mehr sehen, bis sie ihn mit einem Segensspruch begrüßen würden. Deutlich ist nur: So geschieht es nach Lukas später beim Einzug Jesu in die Stadt. Aber dort sind es seine Jünger, die ihn so begrüßen.

Diese Stelle am Ende des dreizehnten Kapitels im Lukasevangelium gehört zu den schwierigen und auch schwer lastenden Texten im Neuen Testament. Denn es ist einer der Texte, mit denen die Christenheit ihre Anfeindungen gegen die Juden gerechtfertigt hat, weil sie angeblich Jesus getötet hätten. Aber so war es nicht. Das Glaubensbekenntnis, das jeden Sonntag gesprochen wird, gibt den klarsten Hinweis: gelitten unter Pontius Pilatus. Und der war kein Jude, sondern ein Römer, so wie auch die Kreuzigung eine römische Strafe war.

Alles ums Essen

(14,1–24)

Einen Moment habe ich gedacht, ob ich als Überschrift nicht »Tischgespräche« wählen sollte. Denn es geht immer wieder ums Essen und wie man sich dabei verhalten soll. Aber Gespräche sind es im strengen Sinne nicht, sondern Jesus der Herr gebietet, was man tun soll, und noch einmal ist der Ton, den seine Musik macht, unerwartet schrill, auch wenn sie zunächst leise einsetzt.

Jesus wird in das Haus eines Oberen der Frommen zum Essen eingeladen, doch die Stimmung ist angespannt. Die Bibelgelehrten und Fromme, die ebenfalls zu Gast sind, beobachten ihn. Unter den Gästen ist ein Kranker, der an Wassersucht leidet. Da wendet sich Jesus denen zu, die ihn kritisch beäugen, und stellt wie schon einmal die prüfende Frage: Ist es erlaubt, am Sabbat zu heilen, oder nicht? Als sie einer Antwort ausweichen, fasst er den Mann an, heilt ihn und schickt ihn fort. Seine schweigenden Gegner aber fragt er, wer von ihnen dann, wenn sein Sohn oder sein Esel in den Brunnen fällt, ihn nicht herauszieht, auch wenn es Sabbat ist. Sie aber vermochten nichts zu entgegen.

So behält Jesus das Wort. Als er sieht, wie die Mahlteilnehmer nach einem der Plätze oben in der Nähe des Hausherrn trachten, empfiehlt er ihnen, nach den unteren Plätzen zu streben. Denn wenn jemand fälschlich oben Platz genommen hat, muss er diesen Platz zu seiner Beschämung wieder räumen, während man ihn andernfalls ehrenvoll von den unteren Plätzen nach oben holt.

Dem Gastgeber aber, der ihn eingeladen hat, rät Jesus, auch dann, wenn er einlädt, keine Verwandten, Freunde und reichen Nachbarn, sondern die zu bedenken, die ihm nichts vergelten können, Arme, Verkrüppelte, Blinde und Lahme. Denn dann wird ihm, was er ihnen an Gutem getan hat, bei der Auferstehung der Toten vergolten werden.

Als jemand Jesus zuruft: Glücklich, wer zum Mahl im Reich Gottes geladen ist, unterstreicht er seine Mahlempfehlung durch eine Geschichte. Jemand lädt andere zu einem großen Mahl ein, doch als er jemanden mit der Nachricht herumschickt: Es ist alles fertig!, entschuldigen sie sich mit geschäftlichen und familiären Verpflichtungen. Da schickt der erzürnte Gastgeber seine Knechte los, damit sie die Armen und Verkrüppelten, die Lahmen und Blinden hereinholen. Als er erfährt, dass noch immer Platz sei, schickt er sie auf die Landstraßen und an die Zäune mit dem Auftrag: Nötigt sie hereinzukommen, auf dass mein Haus voll werde. Denn keiner, der geladen war und nicht gekommen ist, soll mein Mahl schmecken.

Diese Geschichte fängt auf zwei Ebenen an zu sprechen. Sie erschließt das Wirken Jesu selbst, der sich immer wieder an Randsiedler und Ausgegrenzte gewandt hat. Und sie spiegelt die Erfahrungen der Ablehnung wider, die seine Jünger und Apostel bei ihrem Wirken gemacht haben. Es gibt dabei einen unrühmlichen Nachklang dieser Geschichte. Mit der Aufforderung: Nötigt sie hereinzukommen! hat man zum Teil die Anwendung von Gewalt bei der Missionierung von Menschen gerechtfertigt: Taufe oder Tod.

Himmlische Freude

(14,25 – 15,32)

Als eine große Menge ihm folgt, zieht Jesus erneut einen herben Trennungsstrich zwischen Alt und Neu, zwischen Einst und Jetzt, zwischen denen, die zu ihm gehören und den anderen. Wenn jemand zu ihm kommt und trennt sich nicht von seiner ganzen Familie – Eltern, Frau, Geschwister, Kinder – und auch nicht von sich selbst, der kann nicht sein Jünger sein, sondern nur, wer wie er selbst bereit ist, sein Kreuz, die Feindschaft der anderen, zu tragen. Keine halben Sachen! Wer sich nicht lossagt von allem, was er hat, kann nicht sein Jünger sein.

Absage an die Familie, Selbsthass, Spott für die, die nicht durchhalten. Wo ist hier noch etwas von dem übrig, der Frieden schafft und Versöhnung zwischen Feinden, der etwas vom Himmel auf die Erde bringt? Und es gibt sie ja auch, die Situation, in der eine schmerzliche Trennung das Einzige ist, was noch bleibt. So ist es wie ein großes Fest, dass Lukas jetzt, genau in diesem Moment, das große Kapitel über Umkehr, Freude und Versöhnung folgen lässt.

Wieder einmal sitzen »die üblichen Verdächtigen« seines Evangeliums zusammen, alle Zöllner und Frevler, um ihn zu hören, und die Frommen und Bibelgelehrten beginnen zu murren: Dieser nimmt die Frevler an und isst mit ihnen! Welch ein Vorwurf und welch ein Tag für einen Gleichniserzähler wie den Nazarener: Wer von euch hundert Schafe hat und eins verliert, wer lässt dann nicht die neunundneunzig in der Wüste zurück und sucht nach dem verlorenen, bis er's findet? Hebt es voll Freude auf seine Schultern, ruft zu Hause seine Freunde und Nachbarn zusammen und lädt sie ein, sich mitzu-freuen? Ich sage euch: So wird Freude im Himmel sein über einen Frevler, der von seinen schlimmen Wegen umkehrt – mehr als über neunundneunzig Gerechte, die keine Umkehr nötig haben. Oder welche Frau, die ein Geldstück verloren hat, handelt nicht genauso, wenn sie's wiederfindet? Ja, so wird Freude sein bei den Engeln Gottes über einen Frevler, der von seinen schlimmen Wegen umkehrt.

Ein Vater hat zwei Söhne. Als sie herangewachsen sind, bittet der jüngere ihn, ihm sein Erbe auszuzahlen. Als er es erhalten hat, zieht er davon. In einem fernen Land verprasst er das Erbe und landet in der Gosse. Da erinnert er sich an Zuhause und denkt: Wenn ich vor dem Vater alles bereue und bekenne, dass ich nicht wert bin, sein Sohn zu heißen, dann stellt er mich vielleicht als Arbeiter bei sich ein, und alles Elend hat ein Ende. Der Vater aber, schon als er ihn von ferne sieht, eilt her-bei, fällt ihm um den Hals, küsst ihn, lässt ihn festlich einkleiden und ordnet ein Festmahl für den verlorenen und wiedergefundenen Sohn an.

Als aber der ältere Sohn den Festlärm hört und den Grund erfährt, beschwert er sich bitter bei ihrer beider

Vater, dass er trotz seiner aufopfernden Arbeit nie etwas Gleiches für ihn veranstaltet habe. Der Vater aber tröstet ihn, dass er allezeit bei ihm, dem Vater, sei und dass ihm alles gehöre. Und er fordert ihn auf, sich mitzufreuen darüber, dass der verlorene Bruder wieder dabei ist.

So solltet auch ihr euch freuen, gibt Jesus Frommen und Bibelgelehrten zu verstehen, wenn jemand von seinen schlimmen Wegen umkehrt. Ähnlich heißt es in einer alten jüdischen Überlieferung: Dort, wo die vor Gott stehen, die umgekehrt sind von ihren bösen Wegen, können die Gerechten nicht stehen.

Lob für einen Halunken?

(16,1–30)

Hätte Jesus Steuern hinterzogen? Ich bin mir nicht ganz sicher. Für einen guten Zweck vielleicht, wenn man nach der Geschichte geht, die er seinen Jüngern erzählt. Ein reicher Mann hat einen Verwalter, der fahrlässig mit seinem Besitz umgeht. Als er den Mann ruft, damit er Rechenschaft ablegt, bevor er ihn entlässt, sinnt der auf einen Ausweg. Arbeiten ist nichts für ihn und betteln auch nicht. Dann hat er die Lösung, damit er nach seiner Entlassung nicht im Regen steht. In der Hoffnung, dann von ihnen aufgenommen zu werden, fälscht er mit den Schuldnern die Schuldscheine. Er reduziert die Beträge, die sie seinem Herrn schulden. Normalerweise ist das eine Sache für die Polizei. Doch der Herr, so schließt Lukas die Geschichte, lobte den Halunken, und ebenso sollen die Jünger handeln: Macht euch Freunde mit dem ungerechten Geld, damit man euch, wenn es ausgeht, in die ewigen Hütten aufnimmt.

Ob Lukas mit Jesus als Finanzberater seiner Jünger doch nicht ganz einverstanden ist? Denn gleich nach dieser Geschichte schließt er Worte Jesu an, in denen er dazu aufruft, in Geldsachen zuverlässig zu sein, weil man ihnen sonst auch nicht das wahre Gut anvertraut.

Man kann sich nur mit Gott oder mit dem Mammon verbünden.

Und gleich hat Lukas sie wieder zur Stelle, die Frommen als Dauergegner, die über die Radikalität Jesu spotten, weil sie angeblich am Gelde hängen. Er ruft sie zur Gesetzestreue zurück. Zwar reichen das Gesetz und die Propheten bis hin zu Johannes dem Täufer, weil von da an das Evangelium vom Reich Gottes verkündigt wird. Doch vergehen eher Himmel und Erde, als dass ein Strichlein vom Gesetz hinfällt.

Ja, es soll noch radikaler sein. Wer sich scheiden lässt und neu heiratet, der bricht seine Ehe, und wer eine Frau heiratet, die von ihrem Mann geschieden ist, der ebenfalls. Ob da nicht die jüdische Bibel barmherziger ist, die in Kenntnis unserer Grenzen die Möglichkeit einer Scheidung vorsieht? Das herbe Wort Jesu macht auch dann noch Sinn, wenn man es als Warnung versteht, nicht leichtfertig mit der Möglichkeit einer Trennung umzugehen, allein schon um der Kinder willen nicht.

Jesus war ein begnadeter Erzähler von Gleichnissen und Lukas ihr ebenso begnadeter Sammler. Fast alle biblischen Gleichnisse, die man ein- oder zweimal hört oder liest und nicht wieder vergisst, finden sich in seinem Evangelium. Zu ihnen gehört auch das Gleichnis vom reichen Mann und armen Lazarus. Dieser liegt voller Geschwüre vor der Tür des Reichen, der alle Tage herrlich und in Freuden lebt. Lazarus sucht sich von dem zu nähren, was an Resten übrig bleibt, doch nur die Hunde kommen und lecken seine Geschwüre. Beide sterben.

Der Arme wird von den Gottesboten in Abrahams Schoß getragen und der Reiche begraben. Als er in der Hölle beide von ferne sieht, bittet er Abraham um einen sehr, sehr kleinen Gefallen. Er möge Lazarus senden, damit er die Spitze seines Fingers ins Wasser tauche und seine Zunge kühle, denn er leide Pein in der Feuerflamme. Doch Abraham bleibt hart. Dann möge er wenigstens zu seinen fünf Brüdern schicken und sie warnen. Doch Abraham bleibt ungerührt. Sie haben Mose und die Propheten, die sollen sie hören. Vater Abraham, so ein dritter Versuch des Reichen: Vater Abraham, wenn einer von den Toten zu ihnen kommt, dann werden sie umkehren. Doch Abraham weiß es besser: Wenn sie nicht auf Mose und die Propheten hören, dann werden sie sich auch nicht überzeugen lassen, wenn jemand von den Toten aufersteht.

Eine harte Geschichte. Man versteht sie wohl nur, wenn ihre Rückseite vor Augen bleibt: das unendliche Elend, das entsteht, wenn Menschen nur in die eigene Tasche wirtschaften und ihnen gleichgültig ist, was ihre Gier bewirkt. Noch einmal: kein lieber Jesus, sondern einer, der aufrütteln will. Es gibt ein Zuspät. Dabei ist es nicht von Belang, dass wir nicht mehr glauben, nach unserem Tode im Feuer zu schmoren. Das Feuer ist die Geschichte, die Jesus in unsere Herzen einbrennt: Erbarmen mit Lazarus vor eurer Tür!

Von Mühlsteinen, Vergebung und Versöhnung

(17,1–19)

Es geht mit aller Härte weiter. Wer andere zum Bösen verführt, für den wäre es besser, wenn man ihm einen zentnerschweren Stein um den Hals hängte und ihn ins Meer würfe. Genauer sagt Jesus, wer einen dieser Kleinen verführt, und man rätselt, wen er mit diesen Kleinen meint. Manche denken, es seien nicht Kinder, sondern die Jünger, zu denen Jesus spricht. Doch wer wollte ausschließen, dass das Wort wie für unsere Tage gesprochen ist und dann all die Unzähligen zu schützen sucht, die als Kinder durch Missbrauch gefährdet sind.

Wie um ein Gegengewicht zu diesem harten Wort zu bilden, fügt Lukas ein weiteres Wort Jesu an. Wie soll man mit einem anderen in der Gemeinde umgehen, der sich verfehlt? Wenn er umkehrt, vergib ihm. Und wenn er sich sieben Mal an einem Tag dir gegenüber verfehlt und kommt und sagt: Es tut mir leid, dann vergib ihm. Bei echter Reue durch Umkehr von verfehlten Wegen gibt es keine Grenze für die Vergebung. Ganz praktisch verstehen kann man die Weisung Jesu nicht. Würde nicht jeder von uns mit einigem Recht spätestens beim dritten Mal – an einem Tag! – sagen: Es ist genug?

Übertreibende Rede ist es auch, wenn Jesus den Jüngern vorhält: Wenn sie Glauben hätten wie ein Senfkorn, dann würden sie zu dem Maulbeerbaum an ihrem Weg sagen: Reiß dich heraus, und wirf dich ins Meer! Und er würde es tun. Aber stärkt man so den Glauben der Jünger, worum sie zuvor gebeten haben? Indem man das Unmögliche als möglich darstellt? Ja, vielleicht ist es so.

Auf dem Weg nach Jerusalem zieht Jesus entlang der Grenze zwischen seiner Heimat Galiläa und Samarien, dem Feindesland. In einem Dorf flehen ihn zehn Männer, die an Lepra erkrankt sind, von ferne an, sich ihrer zu erbarmen. Er gebietet ihnen, sich den Priestern zum Zeichen ihrer Genesung zu zeigen. Als sie hingehen, werden sie gesund. Nur einer von ihnen aber kommt zurück, preist Gott mit lauter Stimme für seine Heilung, fällt zu Jesu Füßen nieder und dankt ihm. Das aber war ein Samariter, so wie einst ein Samariter dem geholfen hat, der unter die Räuber gefallen war. Fast hat man den Eindruck, als hätten Jesus und Lukas eine stille Liebe zu den Leuten aus Samarien. Steh auf, geh hin, dein Glaube hat dir geholfen, so entlässt Jesus den dankbaren Samariter.

Wenn der Menschensohn kommt
(17,20–18,14)

Wann kommt das Reich Gottes?, fragen die Frommen ihn. Für alle, die das Reich Gottes mit Pauken und Trompeten erwarten, ist die Antwort Jesu ernüchternd. Es kommt nicht mit äußeren Zeichen, sodass man sagen könnte: Hier oder da; sondern es ist – und nun beginnt ein Problem. Dem griechischen Text des Neuen Testaments nach kann man fortfahren: Es ist inwendig in euch oder: Es ist mitten unter euch. Die meisten Übersetzer übertragen es in diesem zweiten Sinn, und so scheint es auch richtig zu sein. Hat doch Jesus selbst gesagt, dann, wenn er in der Kraft Gottes heile, sei das Reich Gottes schon herbeigekommen. So ist seine Antwort: Es ist mitten unter euch, ein stiller Hinweis auf ihn selbst.

Den Jüngern aber erläutert er, was doch noch kommen soll. Wie der Blitz im Nu den Himmel erleuchtet, so wird der Menschensohn an dem Tage sein, an dem er kommt. Zuvor aber muss er noch viel leiden und verworfen werden von der jetzigen Generation. Unverhofft wird alles zugehen in den kommenden Tagen wie einst in den Tagen Noahs, als die Menschen nichts ahnten von der Flut, die sie dahinraffte, oder in den Tagen Lots, als Sodom durch Feuer und Schwert vernichtet wurde. Ebenso wird eine große Scheidung sein am Tage des Menschensohns, der eine angenommen, der andere preisgegeben.

Was sollte da anderes angesagt sein als Beten und Flehen? So erzählt Jesus ein Gleichnis, dass man allezeit beten und nicht nachlassen solle. Ein Richter in einer Stadt, ohne Furcht vor Gott und den Menschen, wird ohne Unterlass von einer Witwe bedrängt, er solle ihr Recht verschaffen. Lange weigert er sich, bis er schließlich klein beigibt – damit sie nicht am Ende komme und ihm ins Gesicht schlage. So wird auch Gott denen Recht verschaffen, die Tag und Nacht zu ihm rufen.

Einigen aber erzählt Jesus eine Geschichte, die neben der vom Barmherzigen Samariter seine wohl bekannteste ist. Nach Lukas waren die Hörer Leute, die sich für fromm und gerecht hielten und auf die anderen herabsahen. Zwei Männer, erzählt Jesus ihnen, gingen zum Tempel in Jerusalem hinauf, um zu beten, der eine aus der ehrbaren Gruppe der Pharisäer, der andere ein anrüchiger Zöllner. Der Fromme dankte Gott, dass er nicht wie die anderen Leute sei – Gauner aller Art – oder auch wie dieser Zöllner da; sondern dass er mit Fasten und korrektem Verhalten im Steuerzahlen lebe, wie es seine Religion vorsehe. Der Zöllner aber stand von ferne, wagte nicht, zum Himmel aufzublicken, sondern schlug zum Zeichen der Reue an seine Brust und sprach: Gott, sei mir Frevler gnädig. Jesus schließt die Geschichte mit dem Urteil: Dieser ging als Gerechter in sein Haus hinab, nicht jener.

Darüber haben wir schon gesprochen, über die ungerechten Angriffe gegen die Pharisäer an manchen Stellen des Neuen Testaments. Deshalb genügt hier ein kleiner, doch weitreichender Hinweis: Es ist *einer*, der hier vorgeführt wird, und so wenig alle so sind wie er, so wenig sind die zwielichtigen Zöllner so wie der eine in dieser Geschichte.

Wer wird in das Reich Gottes kommen?

(18,15–34)

Es ist, als würde diese Frage Jesus auf seinem Weg nach Jerusalem nicht loslassen. Sie säumt seinen Weg wie die Kranken, die ihn um Hilfe angehen. Den Kindern gehört das Reich Gottes. Lasst sie zu mir kommen, weist er seine Jünger an, als sie die Eltern hindern wollen, sie zu ihm zu bringen. Und er folgert von da aus für alle: Wer das Reich Gottes nicht annimmt wie ein Kind, der wird nicht hineinkommen. Aber wie nimmt ein Kind das Reich Gottes an? Statt all der klugen Antworten der Erwachsenen sollte man vielleicht einmal die Kinder dazu fragen. Hallo, wie ist es mit euch?

Was muss ich tun, damit ich ewiges, unzerstörbares Leben erwerbe?, fragt ihn einer aus der Oberschicht, und Jesus antwortet: Halte die Zehn Gebote, und als er antwortet: Das habe ich alles von Jugend auf getan, sagt Jesus, was ihm noch fehlt: All seinen Besitz zu verkaufen, den Erlös den Armen zu geben und mit diesem Schatz im Himmel Jesus nachzufolgen. Da wird der Mann betrübt, denn er war sehr reich.

Ja, urteilt Jesus, eher geht ein Kamel durch die kleine Tür, die in einer Herberge für die Menschen gelassen ist, als dass ein Reicher in den Himmel kommt. Wer kann dann gerettet werden?, fragen die Leute bestürzt zurück.

Da lässt er ein Türchen offen: Was für die Menschen unmöglich ist, ist möglich bei Gott.

Was aber ist mit den Jüngern, die alles verlassen haben, ihm nachgefolgt sind und sich so verhalten haben, wie Jesus es von dem Reichen verlangt hat? Niemanden gibt es, verspricht Jesus, der Haus oder Familie verlassen hat, der sie nicht vielfältig wiedererhält und in der kommenden Welt das ewige Leben.

Doch noch ist nicht die Zeit der Ernte. Und so nimmt Jesus die zwölf Jünger beiseite und klärt sie – deutlicher noch als bisher – über das auf, was ihn und sie in Jerusalem erwartet. Er nennt gedrängt alles das, was ihm vonseiten der römischen Besatzung widerfahren wird, nachdem er an sie ausgeliefert sein wird, von der Verspottung bis hin zu seinem Tod. Aber er nennt auch das, was als Hoffnung am Horizont erscheint, seine Auferstehung von den Toten. Doch die Jünger verstehen ihn nicht.

Der Blinde vor Jericho
(18,35–43)

Ein Blinder, der am Wegrand vor Jericho sitzt und um Gaben bittet, hört, dass eine Menge vorüberzieht, und fragt nach dem Grund. Ihr wisst ja vielleicht, dass Blinde besser hören als andere; sie sind ganz auf ihre Ohren angewiesen. Irgendetwas erscheint dem Mann ungewöhnlich, und so fragt er, was denn los sei. Als man ihm antwortet: Jesus der Nazoräer kommt vorbei, wittert er seine Chance. Mit aller Kraft ruft er: Sohn Davids, hab Erbarmen mit mir! Die dem Zug vorangehen fahren ihn an, er solle schweigen. Er aber lässt nicht locker und schreit noch viel mehr: Du Sohn Davids, hab Erbarmen mit mir! Und Jesus hält und lässt ihn zu sich kommen und fragt: Was soll ich für dich tun? Welch eine Frage! Und so antwortet er: Herr, dass ich sehen kann! Jesus erfüllt seine Bitte und fügt hinzu, was der Kranke selbst zu seiner Heilung beigetragen hat: Dein Glaube hat dir geholfen – das Vertrauen auf ihn, den Messias, der gekommen ist, den Blinden das Augenlicht wiederzugeben. Hatte er es so nicht zu Beginn, bei seinem Auftreten in der Synagoge von Nazaret, selbst gesagt?

Seit den Tagen, da Jesus in seinem Volk und Land aufgetreten ist, hat sich vieles verändert. Jesus selbst hat als Exorzist gewirkt und dabei vornehmlich mit

Menschen zu tun gehabt, die an epileptischen Anfällen litten. Heute weiß man mehr über diese Krankheit. Man vermag ihr mit Medikamenten beizukommen. Mit der Blindheit ist es ähnlich. Auch manche ihrer Formen vermag man heute durch Operationen zu heilen. Hat Jesus damals, in seiner Zeit, vermocht, Blinden ihr Augenlicht wiederzugeben? Wir wissen zu wenig darüber, denn die Heilungsgeschichten geben selten solche Auskünfte. Sie legen alles Gewicht darauf, dass er es vermocht und bei den Menschen Lob und Dank für ihren Schöpfer hervorgelockt hat. Er wirkt auch noch heute, dort, wo Menschen in seiner Nachfolge in Afrika und anderen Ländern erblindeten Kindern und Erwachsenen durch Operationen das Augenlicht wiedergeben. Und für die Reichen unter euch: Ein Klick im Internet und ihr wisst, wie ihr für sie spenden könnt.

Jesus und der kleine Mann

(19,1–10)

Mit welcher Liebe ist diese Geschichte erzählt! Wenn man sie liest oder hört, ist es so, als wäre man dabei, als Jesus durch Jericho hindurchzieht. Ein reicher Chef der Zöllner, Zachäus mit Namen, will Jesus sehen, doch er ist klein von Wuchs und kann es nicht der Leute wegen, die ihm die Sicht versperren. Man sieht regelrecht, wie er hin und her läuft, um vielleicht doch noch einen Blick zu erhaschen. Doch es hilft alles nichts. Da hat er die rettende Idee. Er läuft an der Menge vorbei nach vorn, dorthin, wo Jesus vorbeikommen muss, und klettert auf einen Feigenbaum, um dort auf ihn zu warten.

Kinder lieben diese Geschichte, und wenn man aus ihr ein Theaterstück machen und die Kinder fragen würde, wen sie spielen möchten, ich denke, die meisten würden Zachäus wählen: Von niemandem beachtet und plötzlich im Mittelpunkt.

Als Jesus vorbeikommt, sieht er ihn und ruft ihm zu: Zachäus, komm schnell herab, ich muss heute in deinem Hause bleiben! War der Mann glücklich! Voll überströmender Freude steigt er herab. Und während die anderen sich verhärten und sprechen: Schon wieder bei einem schrägen Vogel!, wandelt sich die Freude des Zachäus in überschwänglichen Dank. Die Hälfte seines Vermögens will er den Armen geben, und wenn er jemanden betrogen hat, will er es vierfach zurückgeben. Und als Jesus ihn so gewandelt sieht, spricht er: Heute ist diesem Haus Heilung widerfahren. Denkt daran, auch er ist ein Sohn Abrahams! Und er ruft in Erinnerung, welches sein Auftrag ist: Der Menschensohn ist gekommen, zu retten, was verloren ist. Es klingt wie eine Überschrift über dem ganzen Lukasevangelium.

Mit dem Pfunde wuchern
(19,11–27)

So lautet eine geläufige Redewendung: Man soll mit dem Pfunde wuchern. Sie beschreibt jemanden, der sein Talent nicht ungenutzt lässt, sondern mit den Gaben, die ihm gegeben sind, sorgsam umgeht und etwas aus ihnen macht. Beides, die Redewendung und das Talent, gehen auf das Gleichnis zurück, das Jesus erzählt, weil die Leute meinen, jetzt, in der Nähe Jerusalems, müsse auf der Stelle das Reich Gottes erscheinen.

Ein hochgeborener Herr zieht in ein fernes Reich, um dort die Herrschaft über sein Land zu erhalten. Zuvor ruft er seine zehn Verwalter zusammen, gibt ihnen zehn Silberbarren und befiehlt ihnen: Lasst das Geld arbeiten, bis ich wiederkomme. Die Bürger des Landes aber hassen den Mann und wollen nicht, dass er über sie herrsche. Sie schicken eine Gesandtschaft hinter ihm her, damit sie dies verhindere.

Doch er erhält die Herrschaft, und als er zurückkehrt, befiehlt er die Verwalter zu sich und fordert Rechenschaft über ihre Arbeit mit seinem Geld. Der Erste berichtet, dass sein Barren neun weitere erbracht habe. Er wird von seinem Herrn belobigt und wird mit der Verwaltung von zehn Städten betraut. Der Zweite kommt, weist fünf Barren vor und erhält die Befugnis über fünf Städte. Der

Dritte aber hat aus Furcht vor seinem Herrn jedes Risiko gescheut. Er hat seinen Barren in ein Tuch gewickelt und vergraben und gibt ihn mit den Worten zurück: Er habe gewusst, dass er ein strenger Mann sei, der ernte, was er nicht gesät habe. Warum er dann das Geld nicht wenigstens zur Bank gebracht habe, damit es dort Zinsen trage? Er erhält die milde Strafe, dass ihm der Barren genommen und dem gegeben werde, der seinen Barren auf zehn vermehrt habe. Den Einwand anderer: Er hat doch schon zehn, lässt der Besitzer nicht gelten: Wer hat, dem wird gegeben. Sein Zorn aber gilt denen, die hinter ihm hergereist sind und seine Herrschaft verhindern wollten. Sie soll man vor seinen Augen niedermachen.

Als Zachäus sein Versprechen gibt, wuchert er auf seine Weise mit dem Pfund. Vielleicht hat Lukas das Gleichnis von den anvertrauten Pfunden auch deshalb an dieser Stelle gebracht. Aber es gibt noch einen weiteren Grund. Jesus erzählt das Gleichnis, so heißt es ausdrücklich, als er in der Nähe Jerusalems ist, wo er alsbald abgelehnt werden wird. So scheint es, als sei die Erzählung, dass eine Gesandtschaft hinter dem verreisten Herrn hinterherreist, um zu verhindern, dass er als König eingesetzt wird, ein versteckter Hinweis auf das ist, was ihm in Jerusalem bevorsteht.

Ein König ohne Reich

(19,28–48)

Am Ölberg, hoch oben gegenüber Jerusalem in der Nähe zweier Dörfer, bereitet Jesus seinen Einzug in die Stadt vor. Er schickt zwei Jünger los, um das Füllen einer Eselin zu holen. Er stattet sie mit dem Geheimcode »Der Herr braucht es« aus, und sie haben Erfolg. Als sie zurückkommen, breiten sie ihre Kleider auf dem Reittier aus. Und so schmücken sie auch den Weg vor ihm, als Jesus losreitet. Alle Jünger loben und danken Gott für alle Taten, die sie gesehen haben, und rufen: Gelobt sei, der da kommt, der König, im Namen des Herrn! Frieden im Himmel und Ehre in der Höhe! Nicht ein Königreich erscheint, wie die Jünger meinen, doch ein König zieht in Jerusalem ein, so wie es in der Bibel Israels bei dem Propheten Sacharja heißt: Siehe, dein König kommt zu dir!

Der Ruf der Jünger deutet an, dass es nun anders als früher sein wird. Vielleicht erinnert ihr euch: Bei der Geburt Jesu jubeln die himmlischen Boten: Ehre sei Gott in der Höhe und Frieden auf Erden! Hier aber scheint es, als würde der Frieden mit dem Ruf der Jünger in den Himmel verlagert, dorthin, wo Jesus nach seinem Ende in Jerusalem aufgenommen werden soll. Einigen Frommen ist diese Begrüßung Jesu als königlicher Messias zu viel. Sie fordern ihn auf, seine Jünger zum Schweigen zu bringen. Doch er lässt sie gewähren und verteidigt sie.

Ein erwachsener Mann, ein Messias, ein König, der beim Anblick Jerusalems weint. Hat man das schon gesehen? Es ist das Zeichen einer großen, einer verzweifelten Liebe. Denn der Wunsch Jesu, dass auch Jerusalem erkennen möge, was zu seinem Frieden dient, ist vergebliche Liebesmüh. Vor seinem inneren Auge sieht er, wie die Feinde Israels die Stadt umzingeln und mit ihren Kindern dem Erdboden gleichmachen, sodass kein Stein auf dem andern bleibt.

Das Wort Jesu ist bis heute eine schwere Last. Denn hier ist sie wieder, die Kollektivschuld Jerusalems, weil es seinen Messias abgelehnt habe, und die Bestrafung aller, die diesem Kollektiv angehören. Bis heute kann man lesen, der Gott Israels sei ein Gott der Rache im Unterschied zum Gott der Liebe, den Jesus verkündigt habe. Wie verhält es sich dann mit dem Wort Jesu über Jerusalem? Und auch der Hinweis hilft nicht weiter, dass die Vorhersage der Zerstörung Jerusalems so genau ist, dass es scheint, als sei sie im Nachhinein getroffen und Jesus in den Mund gelegt. Denn das Problem von Rache und Kollektivschuld in einem christlichen Text bleibt auch dann.

Auch andere Lehrer Israels haben über die Zerstörung Jerusalems getrauert, aber sie haben zugleich den Lichtschein der Hoffnung über der Stadt gesehen und das Weinen Jesu um ihr Lachen ergänzt. Wenn wir sie einbeziehen, beginnen wir uns aus jenen alten Fesseln der Feindschaft zu lösen.

Noch aber ist nicht die Zeit des Friedens, sondern der Feindschaft. So treibt Jesus die Händler aus dem Tempelbereich, und die Vertreter der angesehenen Schichten des Landes trachten danach, den Störenfried zu beseitigen. Doch sie sind ratlos, weil das Volk auf seiner Seite ist.

Auseinandersetzungen
(20,1–26)

In wessen Auftrag lehrst du hier? Darfst du das überhaupt?, so fragen die, die zu Jesus gekommen sind, um ihm auf den Leib zu rücken. Doch er dreht den Spieß um und treibt sie in die Enge, indem er sie zu Johannes dem Täufer fragt: War die Taufe, die er ausübte, im Auftrag des Himmels oder von Menschen? Sie beraten sich und überlegen: Sagen wir: vom Himmel, dann wird er uns fragen: Und warum habt ihr ihm dann nicht geglaubt? Sagen wir: von Menschen, dann wird uns das Volk steinigen, das meint, er sei ein Prophet. Als Jesu Gegner deshalb antworten, sie wüssten es nicht, verweigert auch er die Antwort, woher er seinen Auftrag habe.

Es ist, als würde Jesus den Schutz des Volkes suchen. Er beginnt ihnen ein Gleichnis zu erzählen, das verschlüsselt die angreift, die Hand an ihn legen wollen. Ein Mann pflanzt einen Weinberg, übergibt ihn Weinbauern und zieht sich zurück. Später schickt er einen seiner Leute zu ihnen, um den Ertrag des Weinbergs abzuholen, doch sie verprügeln ihn und jagen ihn fort. So geschieht es noch zwei Mal. Da beschließt der Besitzer, seinen Sohn zu schicken, weil er glaubt, vor ihm würden sie Respekt haben. Die aber sprechen untereinander: Das ist der Erbe, lasst ihn uns töten, damit das Erbe uns zufällt. Sie vertreiben ihn aus dem Weinberg und töten ihn.

Was wird der Besitzer des Weinbergs tun? Er wird kommen und die Weinbauern umbringen und den Weinberg anderen geben. Die aber, für die Jesus das Gleichnis erzählt, wehren ab. Doch Jesus zitiert ihre gemeinsame Bibel: Der Stein, den die Bauleute als unbrauchbar weggelegt haben, der ist zum Schlussstein geworden, der den ganzen Bau zusammenhält. Und wer auf diesen Stein fällt oder von ihm getroffen wird, den wird er zermalmen. Die Gegner Jesu aber, Bibelgelehrte und Hohepriester, verstehen, dass das Gleichnis gegen sie und ihr Verhalten zu ihm gerichtet ist, und suchen Hand an ihn zu legen. Doch sie fürchten das Volk.

So schicken sie andere los, die ihn beobachten, bei einem falschen Wort ertappen und dann der Behörde und dem Statthalter ausliefern sollen. Sie stellen ihm die Fangfrage jener Tage: Ist es uns erlaubt, dem Kaiser Steuern zu zahlen, oder sollen wir es nicht? Würde Jesus wie jene im jüdischen Volk antworten, die sich weigern, die Steuern zu zahlen, wäre sein Schicksal als Aufrührer besiegelt. Er aber durchschaut ihre Arglist und antwortet, indem er sie um eine Münze bittet. Auf wen beziehen sich Bild und Inschrift? Den Kaiser. Also gebt dem Kaiser, was dem Kaiser gehört, und Gott, was Gott gehört.

Es fällt auf, dass in dieser Geschichte, anders als bei Matthäus und Markus, nicht wie üblich die Pharisäer als Gegner genannt sind. Vielleicht hat Lukas gewusst, dass sie genauso wie Jesus geantwortet hätten.

Die Frage nach der Auferstehung
(20,27–21,4)

Und noch eine Gruppe versucht ihr Glück gegen den Nazarener. Sadduzäer, Leute aus der Oberschicht der Priester und der Reichen, die nicht an die Auferstehung der Toten glauben, erinnern ihn an ein Gebot des Mose: Ein Mann ist dann, wenn sein Bruder kinderlos stirbt, verpflichtet, mit seiner Witwe Nachkommenschaft für ihn zu zeugen. Sie ergänzen diese Erinnerung um eine Fangfrage. Sie konstruieren einen Fall, bei dem man normalerweise nach der Polizei rufen würde. Sieben Brüder sind es, die ohne Nachwuchs von der Witwe sterben, und am Ende stirbt auch sie. Zu wem von ihnen wird sie bei der Auferstehung der Toten gehören? Niemand, antwortet Jesus, denn heiraten ist eine Sache dieser und nicht der kommenden Welt. Was aber Mose angeht, auf den sich die Sadduzäer berufen haben, so hat er auf seine Weise die Auferstehung der Toten bezeugt, indem er Gott den Gott Abrahams, Isaaks und Jakobs genannt hat. Alle drei haben bereits jetzt an dem Leben in der Welt Gottes teil. Sie legen für ihn Zeugnis ab, dass er ein Gott von Lebenden und nicht von Toten ist.

Einige der Bibelgelehrten zollen Jesus Beifall für seine Antwort und wagen nicht, ihn weiter zu fragen. So ergreift er selbst das Wort und will ihnen auf eine knifflige theologische Frage Antwort geben: Wie kann man sagen, dass der Messias Sohn Davids sei? Denn David selbst nennt ihn im Buch der Psalmen seinen Herrn. Wie kann er da sein Sohn sein? Schlau gefragt, und ob ihr es glaubt oder nicht, es gibt unter Theologen öfter solche schlauen Fragen. Sie haben natürlich alle einen guten Grund. Aber ich frage mich trotzdem: Warum hat Jesus hier nicht auf sie geantwortet und auch Lukas auf seine Frage geschwiegen?

Jesus wendet sich einfach an seine Jünger und warnt sie: Hütet euch vor den Bibelgelehrten, die darauf aus sind, in langen Gewändern einherzugehen, die es mögen, wenn man sie auf den Marktplätzen grüßt, und die auf die Ehrenplätze in den Synagogen und bei Gastmählern aus sind. Sie fressen die Häuser der Witwen leer und beten lange Gebete und werden für all das ein umso härteres Urteil empfangen.

Lieber Jesus und lieber Lukas, möchte man fragen, warum immer wieder so allgemein: die, alle, und das Gericht über sie? Auch wenn es überall menschelt, und auch, wenn es das, was ihr anprangert, bis heute gibt, in jeder Religion.

Ob es euch gefallen würde, wenn sich jemand an den Ausgang der Kirche stellte und darauf achten würde, wie viel ein jeder in den Kollektenkorb legt? Selbst wenn es Jesus wäre? Ein bisschen aufdringlich mutet es doch an oder nicht? Aber es geht nicht darum. Lukas erzählt die nächste Geschichte vielmehr um des leuchtenden Vorbilds willen, das sie zeigt. Außer den Reichen, die ihre

Gaben in den Geldkasten werfen, steht da eine arme Witwe, kramt aus ihren Sachen zwei kleine Münzen hervor und wirft sie hinein. Als Jesus dies sieht, stimmt er ihr Loblied an. Sie hat mehr gegeben als alle Reichen, die aus ihrem Überfluss gespendet haben. Sie aber hat alles gegeben, was sie besitzt.

Trügerische Zeichen

(21,5–37)

Noch immer bewegen sich Jesus und seine Jünger im Bereich des Tempels. Als jemand ruft, mit welch schönen Steinen und Weihegeschenken er geschmückt sei, kündigt er seine Zerstörung an, so wie er vorher die Zerstörung der Stadt angesagt hat. Kein Stein soll auf dem anderen bleiben.

Neugier, vielleicht auch Unruhe verbreitet sich: Lehrer, wann wird das sein, und wie wird man's erkennen? Doch Jesus warnt: Viele werden kommen und behaupten, ich sei's, und rufen, der Augenblick sei gekommen. Lauft nicht hinter ihnen her. Und wenn ihr von Kriegen und Aufständen hört, dann erschreckt nicht. Das alles muss zuvor geschehen, doch es ist nicht das Ende.

Und er fährt fort: Volk wird sich gegen Volk erheben und Reich gegen Reich, gewaltige Beben wird es geben und hier und da Hungersnöte und Seuchen. Schreckliches wird geschehen und vom Himmel her gewaltige Zeichen. Doch bevor all dies geschieht, wird man Hand an die Jünger legen und sie verfolgen, sie ausliefern und sie vor Könige und Statthalter führen, weil sie zu ihm, dem Nazarener, gehören. Sie sollen sich nicht um ihre Verteidigung sorgen. Jesus selbst wird ihnen das rettende rechte Wort zur rechten Zeit eingeben. Doch

Schlimmeres wird ihnen geschehen, der Verrat durch Freunde und Verwandte. Einige werden zu Tode kommen, und man wird sie hassen, weil sie sich zu Jesus bekennen. Trotzdem soll kein Haar von ihrem Haupt verlorengehen, und wenn sie standhaft bleiben, werden sie ihr Leben gewinnen.

Wenn ihr die Apostelgeschichte lest, werdet ihr sehen, dass Lukas dort manches von dem berichtet, was Jesus hier ankündigt: Verfolgung der Jünger, Gefängnis und Verhör durch die Herrschenden und den Tod einiger. Auch, was Jesus noch ankündigt, ist zur Zeit des Lukas bereits geschehen, die Belagerung Jerusalems. Wenn sie geschieht, dann soll man die Stadt meiden und fliehen. Wehe dann den Frauen, die schwanger sind und die Säuglinge stillen. Es wird das Gericht geschehen über dieses Volk, sie werden fallen durch's Schwert, unter alle Völker weggeführt werden, und Jerusalem wird zertreten werden, bis die Zeiten, in denen es der Fremdherrschaft unterworfen ist, erfüllt sind.

Doch Zeichen, die das Ende ankündigen, werden nicht nur auf der Erde geschehen, sondern am Himmel an Sonne, Mond und Sternen und durch das Wogen und Brausen des feindlichen Meeres. Die Menschen werden in Angst und Schrecken geraten und die Kräfte des Himmels zu wanken beginnen. Und dann, dann werden sie den Menschensohn in einer Wolke kommen sehen mit großer Macht und Herrlichkeit. Wenn dies geschieht, dann sollen die Jünger ihre Häupter erheben, weil sich ihre Erlösung und das Reich Gottes nahen.

Jesus wagt sich weit hinaus: Dieses Geschlecht wird nicht vergehen, bis dies alles geschieht. Obwohl dieses Geschlecht zur Zeit des Lukas, zwei Generationen nach Jesus, längst vergangen ist, hält er an dem Wort Jesu fest. Himmel und Erde werden vergehen, aber seine Worte nicht.

Der große Schmerz
(22,1–2)

Unsere Religion, das Christentum, ist aus dem Konflikt Jesu und seiner Jünger mit zwei Behörden heraus entstanden. Es ist der Konflikt mit Vertretern der jüdischen Religionsbehörde, dem Hohen Rat, und der Konflikt mit dem Vertreter der römischen Herrschaft im Land, dem Statthalter oder Präfekten Pontius Pilatus.

Der Teil des Lukasevangeliums, der nun beginnt, führt in das Herzstück dieses Konflikts. Es ist die Passionsgeschichte im engeren Sinn. Sie beginnt mit dem Hinweis, dass das Passa- oder Pesachfest nahe ist und die Hohepriester und Bibelgelehrten danach trachten, Jesus zu töten. So führt Lukas die erste der beiden Behörden ein, die im Folgenden gegen Jesus tätig werden. Und doch begibt sich dabei etwas Seltsames. Obwohl es so scheint, als wenn der Hohe Rat das Geschehen bestimmt, zeigt Lukas Szene um Szene, dass es der von ihnen Verfolgte ist, der die Fäden in der Hand hält. So war es bereits beim Einzug in die Stadt, als er den beiden Jüngern sagte, wo sie das Eselsfüllen finden und erhalten würden. Als Gottessohn weiß er, was geschehen wird, und weil er die Fäden in der Hand hält, darum ist er gerüstet, wenn nun zu agieren beginnt, was Lukas die Macht der Finsternis nennt.

Uns aber, die wir wissen, wie leicht die Erzählung von der Passion Jesu in eine zerstörerische Feindschaft gegen das jüdische Volk umschlagen kann, uns erwächst eine große Aufgabe: Nicht der Konflikt vom Anfang, der immer wieder mit schauerlichen Folgen die Zeit seither geprägt hat, soll auch die Zukunft bestimmen. Vielmehr soll die eigene Religion so gelebt werden, dass die Gegner von einst Schritt für Schritt Frieden miteinander schließen. Die Anfänge dieses Weges haben wir in unserer Zeit erlebt.

Ein Tod anderen zugute
(22,3–20)

Die Macht der Finsternis agiert, und Judas Ischariot, einer der zwölf Jünger Jesu, wird ihr Agent. Der Satan fährt in ihn, erzählt Lukas. Judas geht und erklärt sich gegenüber den Hohepriestern und den Hauptleuten im Tempel bereit, Jesus gegen Geld auszuliefern, ohne Aufsehen zu erregen.

Als das Passafest da ist, schickt Jesus seine Jünger Petrus und Johannes los, um das Passalamm zu bereiten. Als der Tempel noch steht, wird es dort geschlachtet und später im Familienkreis verzehrt. Die Jünger finden den Hausherrn, zu dem Jesus sie zur Vorbereitung des Abends geschickt hat.

Das Mahl beginnt. Für Jesus ist es das Abschiedsmahl mit seinen Jüngern. Erst im himmlischen Reich Gottes wird er es wieder essen. Er nimmt einen Kelch mit Wein, und wie es im Judentum üblich ist, spricht er ein Lob- und Dankwort darüber, bevor er ihn den Jüngern reicht. Dann folgen Riten und Worte, wie sie seither unendlich oft in den Kirchen vollzogen und gesprochen worden sind. Jesus nimmt das Brot, spricht das Lob- und Dankwort darüber, bricht es und gibt es den Jüngern mit den Worten: Das ist mein Leib, der für euch gegeben wird. Das tut zu meinem Gedächtnis. Ebenso verfährt er mit dem Kelch nach dem Essen, indem er auch ihn mit seinem kommenden Tod verbindet: Dieser Kelch ist der neue Bund in meinem Blut, das für euch vergossen wird.

Darüber könnten wir lange sprechen, was das alles heißt, was hier mit wenigen Worten gesagt ist. Denn diese Worte sind wie ein Geländer, das von der Zeit Jesu und seinen Mahlzeiten mit seinen Jüngern, mit Frevlern, Zöllnern und auch mit Frommen hinüberführt bis zu diesem Tag seiner Passion. Ja, dieses Geländer reicht bis weit in die Zeit der Kirche hinein, als man die Tischgemeinschaft zum Gedenken an Jesus unter den Jüngern und in den Gemeinden fortsetzt und dabei ruft: Maranatha, unser Herr, komm! Mehr noch, es erstreckt sich bis hinein in das Reich Gottes dem Wort Jesu gemäß: Ich werde das Mahl nicht essen, bis ich es neu essen werde im Reich Gottes – nicht für sich allein, sondern mit den Seinen und den Vätern Abraham, Isaak und Jakob.

Mein Leib für euch gegeben, mein Blut, für euch vergossen – vielleicht ist es doch nicht ganz so schwer, diese geheimnisvoll klingenden Worte Jesu zu verstehen. Denn beide beziehen sich auf die Lebenshingabe Jesu, die nun bevorsteht. Sie geschieht den Jüngern zugute. Indem sie an dem Mahl mit dem, der nun in den Tod geht, teilnehmen, gewinnen sie Anteil an dem, was die Lebenshingabe Jesu bewirkt. Sie besiegelt das, wofür das Leben Jesu bisher gestanden hat – Vergebung von Schuld, Heilung von Krankheiten und Besessenheit. Und Jesus sagt zu, dass dieser Ertrag seines Lebens und seines Todes auch dort wirksam sein soll, wo nach seinem Weggang Mahlgemeinschaft im Gedenken an ihn gehalten wird.

In unserer Sprache fällt das, was von Jesus ausgesagt wird, unter das Wort Stellvertretung. Jemand tritt für einen anderen ein. Das kennt ihr aus dem Berufsleben. Jemand kann seinen Dienst nicht antreten, weil er erkrankt ist, und jemand anders tritt für ihn ein und nimmt seine Aufgabe wahr. Oder jemand verursacht einen Schaden, er kann nicht für ihn aufkommen, ein anderer springt für ihn ein und begleicht ihn. Damit kommen wir dem schon näher, was das Evangelium von Jesus sagt, wenn es den Jüngern zusagt, dass er sein Leben für sie hingibt. Durch das, was sie und wir Gott und dem Nächsten schuldig bleiben, wird die Beziehung zu ihnen verletzt. Sie wird dort geheilt, wo Vergebung von Schuld geschieht und wo diese an die Stelle von Feindschaft tritt. Dass dies der Wille Gottes für uns ist, dafür tritt Jesus mit seinem Leben ein und verwandelt so Feindschaft in Versöhnung, Streit in Frieden. Die Hingabe Jesu geschieht deshalb, um die Welt zu heilen, aber nicht, um die Jünger ins Schlummerland zu bringen. Denn die Heilung wird ihnen nicht zugesagt, damit sie sich darauf ausruhen, sondern um weiterzugeben, was sie empfangen haben. Sie sollen auf ihre Weise dazu beizutragen, die Welt zu heilen. Die Aufgabe könnte nicht treffender bezeichnet werden als durch das alte jüdische Wort: Es ist nicht an dir, das Werk zu vollenden, aber du bist auch nicht befugt, dich ihm zu entziehen. Lukas hat dies auf seine Weise schon vorher durch das Gleichnis von den Talenten gesagt.

Streit und Verleugnung

(22,21–38)

Nach seinen Worten über seine Hingabe für seine Jünger ist es, als schaute Jesus in ihre Runde. Da ist Judas, der Verräter, der mit ihm am Tisch sitzt. Jesus weiß um dessen Verrat und ruft über ihn ein Wehe aus, sodass unter den Jüngern Unruhe entsteht. Sie fragen sich, wer es wohl sei, der ihn verraten wird. Und da sind neben Judas die Jünger, die gerade in das Friedenswirken Jesu hineingenommen sind. Sie haben nichts Besseres zu tun, als die alte, die Gemeinschaft nicht heilende, sondern zerstörende Frage zu stellen, wer der Größte unter ihnen sei. Das sind Fragen, die zu dieser Welt gehören, im Vorschein des Reiches Gottes aber gilt das Gegenteil: Der Größte unter ihnen soll wie der Jüngste sein und der Vornehmste wie ein Diener. Jesus verweist dazu auf sich selber, der wie ein Diener unter ihnen ist.

Dennoch, obwohl Jesus die Jünger in die Schranken weisen muss, macht er ihnen – denen, die mit ihm ausgeharrt haben in seinen Anfechtungen – ein großes Versprechen. Wie sein Vater ihm das Reich Gottes bestimmt hat, so sagt er ihnen zu, dass sie in seinem Reich an seinem Tisch essen und trinken, auf zwölf Thronen sitzen und die zwölf Stämme Israels richten sollen.

Bei diesem Wort zucke ich immer ein wenig zusammen. Mit dem Meister im Reich Gottes essen und trinken – welch schöne Aussicht. So war es auch in seinem Erdenleben. Aber die zwölf Jünger als Richter über die zwölf Stämme Israels, die dann anscheinend wiedererstanden sind? Gerade noch haben wir gesehen, wie sehr diese Gruppe über der Frage nach dem Größten in Streit geraten ist und von Jesus zur Vernunft gerufen werden muss mit dem Wort: Dienst statt Herrschaft! Und nun auf zwölf Thronen und mit richterlich-herrschaftlicher Macht ausgestattet? Nein, vielleicht doch besser nicht. Überall, wo es um Herrschaft für Menschen geht, ist das Reich Gottes noch ferne. Oder ist an ganz und gar verwandelte Zwölf gedacht?

Als ob Lukas und sein Jesus selber noch ein Fragezeichen hinter das Versprechen für die Jünger setzen möchten, folgt nach der Verratsansage die Ansage der kommenden Verleugnung des Simon Petrus. Der Satan wird die Jünger schütteln, wie man Weizen siebt. Für Simon hat Jesus darum gebetet, dass sein Glaube am Ende nicht aufhöre; wenn er später umkehrt, dann solle er seine Brüder stärken. Doch Petrus protestiert: Er ist bereit, mit Jesus in Gefängnis und Tod zu gehen. Doch Jesus kennt auch diesen Ausgang: Ehe der Hahn kräht, wird Petrus ihn dreimal verleugnen.

In der Zeit, die später folgt, wird vieles anders sein. Wenn Jesus nach dem Wort der Bibel mit seinem schmählichen Tod unter die Übeltäter gerechnet werden wird, werden sich die Jünger als seine Nachfolger schützen müssen. So gebietet Jesus, dann nicht mehr ohne Geldbeutel, ohne Tasche und ohne Schwert loszuziehen. Sie aber haben schon zwei Schwerter; und so winkt Jesus ab.

Versuchung, Verrat, Gefangennahme
(22,39–53)

Nach dem Mahl gehen Jesus und seine Jünger zum Ölberg, anscheinend ihr Ort über Nacht in den Tagen in Jerusalem. Er fordert die Seinen auf, zu beten, damit sie nicht in Anfechtung fallen, sondern ihm in dieser Stunde die Treue halten. Dann trennt er sich von ihnen. Er kniet einen Steinwurf weit nieder und betet selbst – allem Anschein nach auch er, um nicht in Versuchung zu fallen. Es ist ein kurzes Gebet, auch ein Gebet, das keine Not verrät. Vielmehr zeigt es Souveränität selbst in diesem Augenblick: Wenn Gott wolle, möge er den Todeskelch an ihm vorübergehen lassen, doch nicht sein eigener, sondern Gottes Wille geschehe. So hatte es Jesus auch die Jünger im Vaterunser gelehrt.

Es scheint, dass es für Menschen, die das Evangelium des Lukas überliefert haben, an dieser Stelle doch etwas zu souverän, zu wenig anfechtungsvoll zugegangen ist. In einer Reihe von Handschriften finden sich an dieser Stelle drei Sätze, die Jesus in tiefster Not und Anfechtung zeigen. Als er betet, heißt es dort, erscheint ein Bote vom Himmel und stärkt ihn. Jesus gerät in Todesangst, er betet heftiger, und sein Angstschweiß fällt wie Blutstropfen auf die Erde. Es sind jüngere Handschriften, in denen sich diese Sätze finden, die älteren kennen sie noch nicht.

So handelt es sich wohl um eine Ergänzung von zweiter Hand. Aber sie scheint mit großem Bedacht vorgenommen zu sein. Im Hebräerbrief des Neuen Testaments heißt es an dieser Stelle von dem Jesus der Passion: Da er selber gelitten hat und versucht worden ist, kann er denen helfen, die versucht werden. Es scheint, dass diese Gewissheit diejenigen bewogen hat, die die erwähnten Sätze ergänzt haben. Wenn schon er in Todesangst war, um wie viel mehr können und dürfen es die sein, die in seiner Nachfolge in Lebensgefahr sind?

Die Jünger schlafen, statt zu beten, als Jesus zurückkommt. So erneuert er seine Aufforderung. Doch schon ist eine von Judas angeführte Schar von Hohepriestern, Wachleuten des Tempels und Ältesten aus dem Hohen Rat da. Judas macht Anstalten, Jesus zu küssen. Während Jesus ihn fragt, ob er den Menschensohn mit einem Kuss verrate, fragen die Jünger ihren Meister, ob sie mit dem Schwert dreinschlagen sollen. Einer aber wartet nicht ab, sondern schlägt dem Diener des Hohepriesters das rechte Ohr ab. Doch Jesus gebietet ihm Einhalt und heilt das abgeschlagene Ohr – souverän auch in diesem Augenblick.

Dann hält er allen, die gekommen sind, einen Spiegel vor. Sie sind gegen ihn wie gegen einen Räuber mit Schwertern und Speeren ausgezogen. Dabei hätten sie ihn, wenn sie Mut gehabt hätten, bei seinen täglichen Aufenthalten im Tempel ergreifen können. So aber würden sie zeigen, dass sie – und nicht das ganze Volk – mit der Macht der Finsternis im Bunde sind.

Verleugnung durch Petrus und Bekenntnis Jesu

(22,54–71)

Der Trupp, der gegen Jesus ausgezogen ist, ergreift ihn und bringt ihn in das Haus des Hohepriesters. Petrus folgt ihnen von ferne und mischt sich im Hof unter die, die um ein Feuer zusammensitzen. Doch eine Magd erkennt ihn: Dieser war auch mit dabei. Er aber bestreitet es: Ich kenne ihn nicht. Ebenso reagiert er, als ihn ein anderer wiedererkennt. Auch bei einem Dritten, der ihn als Galiläer ausmacht, leugnet er es ab, einer von den Seinen zu sein. Während er noch redet, kräht der Hahn und Jesus kommt an Petrus vorbei und schaut ihn an. Da erinnert der sich an die Ankündigung der Verleugnung durch Jesus, und er geht hinaus und weint bitterlich. Weinen ist ein erster Schritt auf dem Weg hin zu dem Auftrag, den ihm Jesus bei der Ankündigung seiner Verleugnung erteilt hat. So wohnt in seinen Tränen ein Anflug von Hoffnung.

Vorerst aber zeigt Lukas den Unterschied zwischen Jünger und Meister. Die Männer, die Jesus gefangenhalten, verspotten ihn, schlagen ihn und treiben ihr Spiel mit ihm. Sie verdecken sein Angesicht und fordern ihn auf, den Propheten zu spielen und zu sagen, wer es sei, der ihn geschlagen habe, und ergehen sich in anderen Lästerungen mehr.

Dann, als es Tag wird, versammeln sich die Mitglieder des Hohen Rates. Jesus wird vor sie geführt und von ihnen unumwunden gefragt, ob er der Messias sei. Statt darauf zu antworten, kündigt er an, was mit ihm, dem Menschensohn, geschehen werde: Er wird zur Rechten Gottes sitzen in herrscherlicher Position. Ob er denn der Sohn Gottes sei, wollen sie wissen. Er bejaht es frei heraus. Mit diesem Bekenntnis glauben sie genug gegen ihn in der Hand zu haben.

Es gibt viele Bücher darüber, ob das Verhör vor dem Hohen Rat so stattgefunden haben kann, wie es hier von Lukas angedeutet wird. Schließlich ist gerade ein hoher Feiertag. Am Abend zuvor ist das Passafest gefeiert worden, an dem man in der Familie das im Tempel geschlachtete Lamm verzehrt. Wie sollte sich das Gremium des Hohen Rats mit seinen siebzig Mitgliedern oder auch nur einer kleineren Zahl am frühen Morgen versammelt haben, um in Sachen Jesus zu einer Entscheidung zu kommen? Das wäre etwa so, als würde man heute am ersten Weihnachtstag den Bundestag oder die Regierung einberufen, um eine vermeintlich dringende Entscheidung zu fällen.

Dazu kommen andere Unwägbarkeiten. Es gibt keinen Anhaltspunkt, dass jemand im Judentum dafür, dass er behauptet, Sohn Gottes zu sein, schuldig gesprochen und an die römische Besatzungsmacht ausgeliefert worden wäre. Es scheint auch, dass das Interesse des Lukas in diesem Zusammenhang nicht darin gelegen hat, einen genauen Verhörsverlauf festzuhalten. Vielmehr stellt er dem versagenden Petrus, der seinen Herrn und Meister in entscheidender Stunde verleugnet, Jesus gegenüber, der sich nicht verleugnet, sondern als Sohn Gottes bekennt. Er gibt damit den Jüngern ein Beispiel dafür, wie sie sich mit dem Bekenntnis zu ihm als Sohn Gottes verhalten sollen, wenn man sie wegen ihrer Zugehörigkeit zu seiner Gemeinde angreift und verklagt. Noch heute geschieht dies in einer Anzahl von Ländern, in denen es verboten ist, die Religion zu wechseln und Christinnen oder Christen zu werden. Weltweit sind heute Christen die am meisten verfolgte Minderheit.

Jesus vor Pilatus

(23,1–26)

Wessen hat sich Jesus schuldig gemacht? Bei dem Verhör durch die Mitglieder des Rates wird das nicht recht deutlich. Anders ist es, als die Versammlung loszieht und ihn zu Pilatus führt, der im Auftrag Roms die politische Macht im Lande hat. Sie beschuldigen Jesus, dass er das Volk aufhetze, dass er es auffordere, dem Kaiser keine Steuern zu zahlen, und behaupte, er sei der Messias, ein König. Sie klagen ihn damit an, er erstrebe einen Herrschaftswechsel im Lande. Umso unverständlicher ist die Reaktion des Mannes aus Rom. Als er Jesus fragt, ob er der König der Juden sei, und er dies bejaht, urteilt er, er fände keine Schuld an ihm. Jemand plant angeblich einen Staatsstreich und die Regierung sagt: Unschuldig? Sinn macht diese Reaktion nur, wenn Pilatus Jesus für einen der bunten Vögel hält, die von Zeit zu Zeit mit solchen Ansprüchen durch Jerusalem gelaufen sind. Aber das steht allenfalls zwischen den Zeilen. Alles, woran dem Erzähler Lukas liegt, besteht darin, mitzuteilen: Selbst der Vertreter Roms ist zu dem Urteil gekommen, dass Jesus unschuldig ist.

Bisher hat Lukas erzählt, die zuständige jüdische Behörde, das heißt Hohepriester und Bibelgelehrte, hätten Jesus zu Pilatus geführt. Nun sind es die Hohepriester und das Volk, die nicht lockerlassen und Pilatus in die Enge treiben. Sie wiederholen, er wiegele das Volk auf im ganzen Land, angefangen in Galiläa.

Es ist das Passafest. Nach Lukas ist auch Herodes in der Stadt, und weil er der Landesherr Jesu ist, schickt Pilatus ihn zur weiteren Abklärung des Falles zu ihm. Doch Jesus bleibt stumm, als Herodes ihn verhört und Hohepriester und Bibelgelehrte ihn vor ihm verklagen. So treiben er und seine Soldaten ihren Spott mit ihm, und Herodes schickt ihn zum Zeichen seiner Unschuld in einem weißen Gewand zu Pilatus zurück.

Der aber ruft Hohepriester, obere Beamtenschaft und das Volk zusammen und verkündet, dass beide – Herodes und er selbst – den Angeklagten für unschuldig halten. Deshalb wolle er ihn – warum, wird nicht deutlich – auspeitschen und dann laufen lassen. Doch wankelmütig, wie eine Volksmenge sein kann, dringen alle miteinander auf Pilatus ein und fordern die Freilassung eines Barabbas, der wegen Aufruhr und Mord im Gefängnis sitzt. Als Pilatus auf sie einredet, weil er Jesus freilassen will, rufen sie: Kreuzige, kreuzige ihn! Und als er es ein drittes Mal mit der Betonung der Unschuld Jesu versucht, geraten sie alle außer Rand und Band, und Pilatus gibt endlich nach. Er lässt den Mörder und Aufrührer frei und verurteilt Jesus zum Tode. Der aber ist so geschwächt, dass er nicht das Kreuz zu tragen vermag, an dem er hingerichtet werden soll, sodass man es einem vorbeikommenden Simon von Kyrene auflegt.

Die Frauen
(23,27–31)

Was wäre das Evangelium nach Lukas ohne Frauen? Gleich zu Beginn Elisabet und Maria, die Mütter der beiden Großen des Evangeliums, Hanna, die Prophetin im Tempel, die beim Anblick des Knaben Jesus zu allen redet, die auf die Erlösung Jerusalems warten, dann die stadtbekannte käufliche Frau, die Jesus mit ihrer Liebe überschüttet und die er freispricht von ihrem schlechten Ruf. Da sind weiter Maria Magdalena, Johanna und Susanna und viele andere, die ihm nachfolgen und für ihn sorgen. Da ist Martha, die ihn aufnimmt und für ihn sorgt, und Maria, die ihm zuhört. Da ist die eine Witwe, die dem Richter so lange in den Ohren liegt, bis er ihrer Bitte nachkommt, und die andere, die ihre letzten Pfennige in den Tempelkasten gibt.

Und nun die Frauen und die Passion Jesu. Einer der Jünger hat ihn verraten, die anderen haben sich aus dem Staub gemacht, und Petrus, der zu Jesus halten will, überkommt Angst und er verleugnet ihn dreimal in der entscheidenden Stunde. Nun aber, auf dem Leidensweg, nachdem Simon von Kyrene das Kreuz übernommen hat, weiß Lukas zu berichten: Es folgt dem Verurteilten eine große Volksmenge, die klagen und beweinen ihn. Während die Menge einen Tag zuvor schreit: Kreuzige ihn, sind es Frauen Jerusalems, die ihn beklagen und beweinen. Jesus lenkt den Blick von seinem Geschick auf das, was ihnen und ihren Kindern an Unheil bevorsteht.

Später, als die Passion zu Ende und Jesus verstorben ist, rückt Lukas erneut die Frauen, die ihm von Galiläa gefolgt sind, in den Blick. Zwar sagt er auch, dass außer den Frauen alle Bekannten Jesu als Zeuge seiner Kreuzigung dabei gewesen seien. Aber es fällt kein Name, sodass schwer zu sagen ist, wen Lukas meint. Vor allem werden die Frauen aus Galiläa gleich zweimal erwähnt. Sie erscheinen als Zeugen der Passion und des Grabes, in das Jesus nach seiner Hinrichtung gelegt wird. Sie wollen es nach dem Sabbat aufsuchen, um seinen Leichnam mit wohlriechendem Öl und Salben einzubalsamieren. Doch als sie am Tag nach dem Sabbat zurückkommen, finden sie das Grab leer. Zwei Männer in glänzenden Kleidern, Boten aus der Welt Gottes, erinnern sie an das, was Jesus ihnen angekündigt hat, als er noch in Galiläa war: seinen Tod und seine Auferweckung am dritten Tag.

So eilen die Frauen hin zu den Elf und allen anderen Jüngern und erzählen ihnen alles, was ihnen widerfahren ist. Lukas nennt sie alle beim Namen: Maria Magdalena, Johanna und Maria, die Mutter des Jakobus. Es ist ihre große Stunde. Sie sind die ersten Zeugen für das Leben Jesu nach seinem Tod, und mit ihnen beginnt der weitere Gang seiner Geschichte.

Zwar halten die Jünger das, was die Frauen ihnen erzählen, für Geschwätz. Aber Petrus läuft dennoch zum Grab, sieht es leer und nur die Leinentücher liegen und wundert sich über das, was geschehen ist. Später heißt es bei Lukas, die Jünger hätten verkündigt, der Herr sei wirklich auferstanden und dem Petrus erschienen. Aber Lukas ist ein fairer Erzähler. Er hat seine Leserinnen und Leser längst wissen lassen: Die Frauen waren es, denen als Ersten von den beiden Boten die Botschaft seiner Auferweckung zuteilwurde.

Jesu Tod
(23,32–54)

Außer Jesus führen seine Henker noch zwei andere Übeltäter herbei und kreuzigen sie mit ihm, einen zu seiner Linken und einen zu seiner Rechten. Die Kleider Jesu verlosen sie unter sich.

Vielleicht erinnert ihr euch, dass wir einen solchen Fall schon einmal hatten: Handschriften, in denen das Lukasevangelium überliefert ist, weichen an einer bestimmten Stelle voneinander ab, die einen haben einen etwas längeren, die anderen einen kürzeren Text. So ist es auch hier. In einigen Handschriften stehen nach der Erwähnung der Kreuzigung der drei Verurteilten die Worte: Jesus aber sprach: Vater, vergib ihnen, denn sie wissen nicht, was sie tun! Wahrscheinlich ist diese Bitte ein späterer Zusatz. Aber das mindert nicht ihr Gewicht. Denn wenn es so ist, dann hat ein feinfühliger christlicher Bibelausleger festgehalten: Zum Messias und Menschensohn, der für andere eintritt, der zur Feindesliebe aufruft und selber, mit der Kraft Gottes begabt, Vergebung der Verfehlungen bringt, zu ihm passt in seiner Todesstunde allein dies: die Bitte um Vergebung für die, die ihn kreuzigen, weil sie nicht wissen, was sie tun. Das kann heißen, dass sie nicht wissen, was es bedeutet, ein Menschenleben auszulöschen, oder aber es kann bedeuten: weil sie nicht wissen, wen sie ans Kreuz schlagen, den Messias und

Gottessohn. Aber Jesus unterscheidet hier nicht zwischen sich und den beiden anderen, und deshalb ist die Bitte wohl in dem ersten Sinn zu verstehen.

Wie immer bei solchen Ereignissen ist viel Volk dabei und schaut zu. Die Leute aus der Oberschicht aber verspotten ihn: Er hat anderen geholfen. Wenn er der Messias ist, soll er sich selber helfen, und die Soldaten tun es ihnen gleich. Über dem Kreuz ist eine Inschrift angebracht, die die Schuld des Hingerichteten benennt: Dies ist der König der Juden. Davon lassen sich die Soldaten leiten, als sie ihn auffordern: Wenn du der König der Juden bist, dann hilf dir selbst. Und ebenso geht einer der Übeltäter Jesus an: Wenn du der Messias bist, hilf dir selbst und uns. Doch der andere Leidensgenosse weist ihn zurecht und bittet Jesus, seiner zu gedenken, wenn er in sein Reich komme. Jesus verspricht ihm, er werde noch heute mit ihm im Paradies sein.

Dann, nachdem eine Finsternis von drei Stunden über das Land gekommen und der Vorhang im Tempel mitten entzweigerissen ist, ruft Jesus: Vater, ich übergebe mein Leben in deine Hände. Dann stirbt er.

Als der Hauptmann der Soldaten sieht, wie Jesus stirbt, preist er Gott und ruft: Dieser Mensch ist ein Gerechter gewesen. Auch alles Volk geht in sich und schlägt vor Trauer und Reue an seine Brust. Einer aus dem Hohen Rat, der dessen Handeln nicht gebilligt hatte und zu denen gehörte, die auf das Reich Gottes warteten, begibt sich zu Pilatus und erbittet den Leichnam Jesu. Er nimmt ihn vom Kreuz herab, wickelt ihn in ein Leinentuch und legt ihn in ein unbenutztes Grab.

Leben aus dem Tod

(24,1–53)

Die Geschichte, wie die Frauen am Tag nach dem Sabbat das Grab leer finden und, von Himmelsboten unterwiesen, zu den ersten Zeugen der Auferweckung Jesu werden, habe ich bereits vorweggenommen. An jenem Tag sind zwei der Jünger unterwegs von Jerusalem in das Dorf Emmaus in der Nähe der Stadt. Während sie über all das reden, was geschehen war, gesellt sich Jesus zu ihnen. Sie erkennen ihn nicht, und er gibt sich ihnen nicht zu erkennen. Ja, mehr noch, er tut, als sei ihm alles das unbekannt, worüber sie sich unterhalten. Als er nachfragt, bleiben sie traurig stehen, und einer der beiden, Kleopas mit Namen, fragt erstaunt, fast vorwurfsvoll: Du bist der Einzige unter den Fremden in Jerusalem, der nicht weiß, was dort geschehen ist? Als er zurückfragt, erzählen sie ihm von Jesus von Nazaret, einem Propheten, mächtig in Tat und Wort vor Gott und allem Volk. Wie er von dem Hohen Rat und den Oberen zum Tode ausgeliefert wurde und die Frauen zu den ersten Zeugen der Kunde wurden, dass er lebe.

In der Antwort der beiden Jünger findet sich ein Sätzchen, das erkennen lässt, warum sie niedergeschlagen sind: Wir aber hofften, dass er es sei, der Israel erlösen würde. Und hatten sie nicht recht damit, von den ersten

Blättern des Lukasevangeliums angefangen? Der Fremde aber beginnt, ihnen zu zeigen, dass das Geschick des Messias so, wie es sich ereignet hat, durch Mose und die Propheten Israels angekündigt worden ist, und dass deshalb alles dem göttlichen Willen gemäß geschehen ist: Musste nicht der Christus dies leiden und in seine Herrlichkeit eingehen?

Noch erkennen sie den Fremden nicht. Dann, als er sich in der Nähe des Dorfes anschickt, weiterzugehen, bitten sie ihn, bei ihnen zu bleiben. Erst als Jesus bei Tisch das Brot bricht, das Dankwort darüber spricht und es den Jüngern gibt, erkennen sie ihn. Und schon bleiben sie allein zurück und beginnen sich zu erinnern: War es nicht in unseren Herzen wie Feuer, als er uns auf dem Wege die Bibel erschloss? Und noch in derselben Stunde kehren sie nach Jerusalem zurück und berichten den elf Jüngern und denen mit ihnen, was ihnen widerfahren war.

Während sie noch reden, tritt Jesus mitten unter sie. Sie erschrecken und halten ihn für ein Gespenst. Doch er zeigt ihnen seine am Kreuz durchbohrten Hände und Füße, und als sie noch immer zweifeln, lässt er sich ein Stück gebratenen Fisch geben und isst ihn vor ihren Augen. Auf dem Weg nach Emmaus hat er den Jüngern dargelegt, dass der Messias leiden und auferstehen müsse, wie es im Gesetz des Mose und in den Propheten über ihn geschrieben stehe. So legt er es nun auch in diesem Kreis dar. Als dritten Teil der Bibel fügt er hier die Psalmen hinzu. Er ergänzt, dass auch der Auftrag der Jünger bereits in der Bibel Israels angekündigt ist: im Namen Jesu unter den Völkern die Botschaft von der Umkehr von verfehlten Wegen und von der Vergebung des Unrechts nach solcher Umkehr zu verbreiten. Er verspricht ihnen und greift dabei weit in das voraus, was Lukas dann bald nach Beginn der Apostelgeschichte erzählt: Sie werden bei ihrem Wirken nicht allein auf sich gestellt sein, sondern mit Kraft aus der Höhe ausgestattet werden.

So schließt sich der Kreis hin zum Anfang des Evangeliums. Wie Jesus von Beginn an mit dieser Kraft, in der Sprache der Bibel: mit dem Heiligen Geist, ausgestattet ist, so werden es auch seine Jüngerinnen und Jünger sein. Wie er die Vergebung der Verfehlungen und die Heilung der Menschen von ihrer Schuld bewirkt hat, so soll es auch durch die Jünger geschehen.

Dann führt Jesus sie nach Bethanien auf den Ölberg und segnet sie. Während er sie segnet, entzieht er sich ihnen und wird in den Himmel hinaufgenommen, in die verborgene Welt Gottes.

Vom Himmel auf die Erde

Was sollen wir zu alldem sagen, vor allem zu den Geschichten, die uns wie die Himmelfahrt Jesu fremd geworden sind? Eine Verständnishilfe bietet die englische Sprache. Sie unterscheidet zwischen *sky* und *heaven*. *Sky* ist der Himmel über uns, den wir mit unseren Augen sehen. *Heaven* meint hingegen jenen Himmel, in dem der Schöpfer der Welt und Gott Israels und Jesu Christi zu Hause ist. Auf manchen alten Bildern mit der Himmelfahrt Jesu sieht man nach seiner Auffahrt einen Fußabdruck im Boden. Auf diesen Bildern haben die Maler, gemessen am Englischen, *sky* und *heaven* in eins gesetzt. Sie haben es so verstanden, als sei Jesus bei seiner Himmelfahrt in die Bereiche hinaufgehoben worden, die wir mit unseren Augen sehen. Aber hinaufgehoben worden ist er nicht in die Wolken, sondern in die Welt Gottes, die uns anders als der Weltraum verschlossen ist.

Diese verborgene Welt Gottes ist eine Realität, die sich von Zeit zu Zeit in unserem Leben bemerkbar macht. Dies geschieht, wenn wir Glauben und Vertrauen auf die biblische Zusage der Nähe Gottes in unser Leben hineinlassen und wenn wir dieses Vertrauen durch Liebe und Hoffnung leben. Jene Welt kommt dann in uns zum Zuge, wenn wir Schuld vergeben und umkehren von verfehlten Wegen; wenn wir offen sind für das Unverhoffte, das Überraschende; für das, was über das hinausgeht, was vor Augen liegt. Und es geschieht auch, wenn wir beten. In den Geschichten des Evangeliums nach Lukas wird diese andere Wirklichkeit als Geist oder Kraft Gottes wirksam. Sie kommt bei der Geburt Jesu und überall dort zur Geltung, wo Jesus heilt, wo er mit Ausgestoßenen feiert, sie zurückführt zum Gott Israels und Schöpfer der Welt. All dies ist Teil der anderen Wirklichkeit, der anderen Realität, die durch ihn in das Leben seiner Zeit gebracht wird.

Auch die Wunder, die von Jesus erzählt werden, sind in diesem Sinn zu verstehen. Sie gehören zu seiner Einladung, seiner Botschaft vom kommenden und mit ihm anfangsweise bereits gegenwärtigen Reich Gottes zu vertrauen und jener anderen Realität in unserem Leben eine Tür zu öffnen. Auf ihre Weise sind die Wundergeschichten deshalb Erzählungen von Glaube, Liebe und Hoffnung, vor allem auch von Hoffnung. In den Wundern wirkt damit dieselbe Kraft, die auch dort wirksam ist, wo Menschen sich Versäumnisse eingestehen, wo sie die Hand ausstrecken zu einem Neuanfang und wo sie gegen das anhoffen, was vor Augen liegt, und so auch auf ein Leben aus dem Tod, wie es zu Ostern Jesus zuteilgeworden ist.

Knüpfen wir noch einmal an die Unterscheidung zwischen *sky* und *heaven* an. Eine ähnliche Unterscheidung gibt es in Verbindung mit dem Thema Tod und Leben. Vielleicht habt ihr sie noch aus der letzten Geschichte des Lukasevangeliums in Erinnerung. Als Jesus unter ihnen erscheint, halten die Jünger ihn für ein Gespenst, eine Art Zombie. Er dagegen verweist auf seine durchbohrten Hände und Füße und zeigt auch durch seine Bitte um etwas Essbares, dass er, auch wenn er aus einer anderen Welt kommt, zwar ein Geheimnis, aber keine Einbildung ist.

Der Gott Israels und Schöpfer der Welt, der Jesus aus dem Tod ins Leben gerufen hat, hat das letzte Wort und nicht der Tod. Dies ist die Botschaft am Ende des Lukasevangeliums. In dieser Gewissheit treffen sich die christliche und die jüdische Gemeinschaft. In deren Hauptgebet heißt es, Gott sei treu, die Toten wiederzubeleben. Der Glaube an die Auferweckung der Toten in eine andere Realität gehört damit zum Glauben an die Treue Gottes zu seinen Geschöpfen.

Jesus macht im Evangelium nach Lukas klar, dass heiraten keine Sache der kommenden Welt ist. So sollten wir auch mit unseren persönlichen Ausmalungen dessen, was sein wird, zurückhaltend sein. Entscheidend sind die Gewissheit und die Freude darüber, dass Gott seine Treue gegenüber seinen Geschöpfen erweisen wird, während das Wie sein Geheimnis bleibt.

Nachwort

Für die Aufnahme des Bändchens in die Veröffentlichungen von »Studium in Israel – außer der Reihe« danke ich Marion Gardei und Bernd Schröder, für die verlegerische Betreuung Wolfram Burckhardt und den Freunden Horst Schlüter und Martin Weyer-Menkhoff für ihre hilfreiche Durchsicht des Manuskriptes und ihre Ermutigung, es bei der Adressatenschaft der Kinder von 12 bis 120 zu belassen, auch wenn bei den Jüngeren diesmal eher an Konfirmandinnen und Konfirmanden und eine gymnasiale Schülerschaft zu denken ist.

Berlin, im Juli 2022   Peter von der Osten-Sacken

Inhalt

* Die Zahl vor dem Komma bezieht sich jeweils auf das betreffende Kapitel des Lukasevangeliums, die Zahl nach dem Komma auf die Verse des Kapitels.

Bibliografische Information der Deutschen Nationalbibliothek
Die Deutsche Nationalbibliothek verzeichnet diese Publikation in der
Deutschen Nationalbibliografie; detaillierte bibliografische Daten sind
im Internet über <http://dnb.d-nb.de> abrufbar.

Copyright © 2023, Kulturverlag Kadmos Berlin.
Wolfram Burckhardt
Alle Rechte vorbehalten
Internet: www.kulturverlag-kadmos.de
Umschlaggestaltung: readymade
Umschlagabbildung: Peter von der Osten-Sacken
Gestaltung und Satz: readymade
Druck: Beltz
Printed in Germany
ISBN: 978-3-86599-537-7